Sweet 16

Le jeu de la vérité

Vous aimez les livres de la série

Mary-Kate and Ashley Sweet 16

Écrivez-nous pour nous faire partager votre enthousiasme :

Pocket Jeunesse, 12 avenue d'Italie, 75013 Paris.

Mary-Kate and Ashley

Sweet 16

Le jeu de la vérité

Eliza Willard

Traduit de l'américain
par Anne-Laure Malaval

POCKET
jeunesse

Titre original :
Playing Games

Publié pour la première fois en 2003
par Harper Entertainment, États-Unis.

Loi n° 49 956 du 16 juillet 1949 sur les publications
destinées à la jeunesse : janvier 2006.

ISBN 2-266-15863-5

1

Mary-Kate

— Mary-Kate Olsen, quel talent ! Tes photos sont vraiment pros ! s'extasia Lauren.

— Merci. Quand on a d'aussi bons sujets que vous, ce n'est pas trop compliqué, répondis-je.

Ma sœur jumelle Ashley et moi visitions l'expo d'art annuelle de notre lycée. Nos deux meilleures amies, Brittany Bowen et Lauren Glazer, nous accompagnaient.

Lauren nous dépassait toutes d'une bonne tête. Elle était brune et avait une peau laiteuse, couverte de taches de rousseur. Brittany aussi était grande. Elle avait un teint cuivré, de longues jambes, de grands yeux noirs et des cheveux bruns très courts.

J'avais décidé de présenter quelques-uns de mes tirages dans cette expo. C'étaient de simples photographies de mes copines et pourtant j'avais remporté le premier prix !

Brittany désigna une photo et se mit à rire.

— Celle-ci, c'est ma préférée !

Elle représentait Ashley en pyjama, au saut du lit, les yeux encore pleins de sommeil. Je trouvais ma sœur adorable sur ce cliché.

— Ho, non, Mary-Kate ! s'exclama Ashley. Je ne peux pas croire que tu aies choisi cette photo. Maintenant, tout le monde saura de quoi j'ai l'air au réveil !

— Ne t'en fais pas pour ça, intervint Brittany. Regarde plutôt la mienne !

J'avais pris cette photo-là avec le retardateur. Nous étions toutes les quatre. Ashley, Lauren et moi, plutôt naturelles, mais Brittany louchait de façon horrible !

— J'ai l'air ridicule, jugea-t-elle.

— Elle est géniale, je l'adore ! s'exclama Lauren.

— Oui, et c'est tellement nous ! ajoutai-je. Sympas et folledingues à la fois ! Cette image reflète avec objectivité ce que nous sommes : qualités et défauts réunis !

— Parle pour toi, répliqua Brittany. En ce qui me concerne, tout le monde sait que je n'ai aucun défaut !

— Félicitations, Mary-Kate !

C'était Jake Impenna, mon ex-petit ami.

— Salut, Jake !

Je ne lui avais pas parlé depuis que nous avions rompu. J'étais très amoureuse de lui mais il m'avait reproché de passer trop de temps avec Sam Mc Hugh, un de mes copains. Il était devenu fou de jalousie. J'avais ainsi découvert Jake sous un autre jour, et ça ne m'avait pas plu. Nous nous étions disputés, puis séparés. Il me manquait beaucoup.

— Tes photos sont géniales, dit-il.

— Merci, répondis-je.

— Tu as un vrai talent, tes clichés sont les plus réussis de l'expo, tout le monde en parle !

Je fis un effort pour sourire, je ne savais pas quoi répondre. J'aurais voulu lui dire qu'il me manquait, mais j'en fus incapable.

— Bon, voilà. Je tenais juste à te dire ça,

ajouta Jake, puis il tourna les talons et s'en alla.

Ashley me dévisageait, inquiète.

— Est-ce que ça va, Mary-Kate ?

— Oui, tout va bien. C'était sympa de sa part de me féliciter.

— Il n'a dit que la vérité !

— Il faut reconnaître que ces clichés m'ont porté chance, admis-je. Mlle Barbour a vu mes photos quand je les accrochais ce matin...

Mlle Barbour était le nouveau prof d'anglais.

— Elle a une classe dingue ! m'interrompit Brittany. Je suis toujours impressionnée quand je dois lui parler. Vous saviez qu'elle travaillait pour un magazine de mode à New York ?

Aucune d'entre nous ne l'avait en cours mais nous avions toutes remarqué qu'elle ne ressemblait pas à un prof ordinaire. Elle était grande et mince, toujours habillée à la dernière mode. Une femme très branchée.

— Alors, que t'a-t-elle dit ?

— Elle est en train de créer un nouveau

site Web pour le lycée et elle veut que j'y travaille.

— C'est génial ! s'exclama Brittany.

— Super ! ajouta Ashley en me tapant sur l'épaule. Ça se fête ! Si on allait boire un café frappé au Click ?

— En avant ! approuva Lauren.

Ashley

— Quatre grands cafés frappés !

— Avec un supplément de chocolat pour moi, rajouta Mary-Kate.

— Et plein de crème fouettée ! lança Lauren.

Malcolm, installé derrière le comptoir, leva les yeux du livre dans lequel il était plongé. J'eus à peine le temps d'en déchiffrer le titre. *Sur la trace du lapin ou l'histoire du lapin dans la littérature anglaise*.

Malcolm lisait toutes sortes de bouquins : du livre de cuisine au manuel de menuiserie en passant par les textes philosophiques. « J'ai soif de connaissance », m'avait-il dit un jour.

— Je suis désolé, Ashley, dit-il de sa voix traînante et nasillarde, je n'ai pas écouté.

Après avoir répété notre commande, Malcolm se mit au travail, à petite vitesse.

C'était un garçon maigre et pâle, aux longs cheveux noirs.

Mary-Kate, Lauren, Brittany et moi, nous nous sommes installées à une table près de la fenêtre. Le Click était un café où je me sentais comme chez moi.

Malcolm déposa les quatre grands cafés glacés sur notre table.

— Si vous avez besoin d'autre chose, n'hésitez pas à hurler, dit-il en s'en allant. Mais seulement si c'est vital, ajouta-t-il.

— À Mary-Kate ! lança Lauren en trinquant avec ma sœur.

— À ton avenir de grande photographe ! renchérit Brittany.

— Merci, les filles, fit Mary-Kate en buvant une gorgée de café.

— Alors, raconte, c'est quoi ce nouveau site Web du lycée ?

— Mlle Barbour veut en faire l'équivalent du journal du lycée. Je l'aiderai à définir le design du site, je choisirai les photos et en rédigerai les légendes. Il se peut que j'écrive aussi quelques articles.

— Ça a l'air sympa, fit Brittany.

— En plus, ça fera bien sur ton CV, pour l'université, souligna Lauren.

— Oui, et ce qui est génial, c'est que nous partons de zéro. Tout est à faire de A à Z ! J'aimerais créer une rubrique que j'appellerais « Sixteen ». Un truc sur les jeunes de seize ans, les bons et les mauvais côtés de cet âge, ce qui nous préoccupe, etc.

— J'adore cette idée, fit Lauren.

Lauren était toujours prête à s'enthousiasmer pour tout.

— Tu pourrais interviewer tes copines ! ajouta-t-elle, tout excitée.

— En parlant de seize ans, c'est bientôt l'anniversaire de quelqu'un que je connais... lançai-je d'un air innocent.

Nos regards convergèrent vers Brittany.

— Oui, plus que deux semaines et c'est le fameux vendredi, n'est-ce pas, Britt ? demanda Lauren.

— Pas la peine d'en faire tout un plat, répondit Brittany.

— Bien sûr que si ! m'écriai-je. Tu auras seize ans et ta vie va changer !

— C'est un virage à cent quatre-vingts degrés ! approuva Mary-Kate. Tu vas pouvoir passer ton permis de conduire, tu te rends compte ?

— Si tu ne fais pas de soirée, que vas-tu organiser ? lui demanda Lauren.

Les parents de Brittany ne pouvaient offrir une grosse soirée d'anniversaire à leur fille parce que la mère de Brittany était enceinte : le bébé passait avant tout.

— Maman a dit que je pourrai faire un petit dîner entre filles, rien que les copines, c'est-à-dire vous trois. Ça vous dirait ?

— Nous y serons, c'est promis ! dis-je.

— Je suis sûre que ce sera très sympa ! acquiesça Lauren. J'adore ces fêtes en petit comité !

— En tout cas, pour mes dix-sept ans, j'organiserai une soirée à tout casser ! Bon, je ferais mieux d'y aller, dit-elle en regardant la pendule. J'ai un examen de français demain. Salut, les filles !

Elle disparut dans la rue.

— Elle est si impatiente de voir son petit frère ou sa petite sœur ! commenta Lauren. Vous devriez voir la fresque murale qu'elle a peinte dans la chambre du bébé, c'est une merveille ! Ça représente une vache et des moutons couchés dans un champ de marguerites avec un beau ciel bleu et quelques petits nuages dodus.

— Ça doit être bien d'avoir un bébé à la maison... fit Mary-Kate, l'air songeur.

— Dommage que Brittany ne puisse pas faire de fête pour son anniversaire, dit Lauren. On s'était tellement amusées pour vos seize ans !

Nos parents nous avaient offert un anniversaire de rêve dans une grande maison avec vue sur l'océan. Le buffet était délicieux, la musique irréprochable et tous nos copains étaient sur leur trente et un ! Une fête magique. En plus, nous avions reçu comme cadeau une superbe Mustang décapotable !

— Hé ! m'écriai-je, ce n'est pas parce que les parents de Brittany ne peuvent pas organiser de soirée pour leur fille que personne ne peut le faire !

— Quand tu dis « personne », tu veux dire « nous » ? demanda Mary-Kate.

— Et pourquoi pas ? On ne va quand même pas attendre ses dix-sept ans !

— Tu as raison, et Brittany mérite une vraie fête ! approuva Lauren.

— Alors, allons-y ! préparons-lui un anniversaire surprise ! dis-je.

— Super ! s'emballa Mary-Kate, elle ne se doutera de rien !

— Encore moins si on l'organise pour le samedi qui suit son anniversaire.

— On pourrait faire ça ici, au Click, suggéra Lauren.

— C'est une idée géniale. Elle y est tout le temps fourrée, nous n'aurons même pas besoin de trouver un faux prétexte pour la faire venir ! fis-je.

— Tu crois qu'ils louent la salle pour des soirées privées ?

— Attends, je vais poser la question au serveur.

Je me suis approchée du comptoir et Malcom m'a fixée, l'air mécontent.

— J'ai un truc vital à te demander ! Nous aimerions réserver le Click pour une soirée privée.

Malcom avait l'air de ne pas comprendre.

— Ici ? Tu veux faire une soirée ici ?

— Oui, ce n'est pas une bonne idée ?

— Si, bien sûr, mais votre soirée doit avoir lieu très vite, mais alors très très vite !

— Pourquoi ?

— Tu n'es pas au courant ? répondit Malcolm. Le Click va fermer, il est en faillite.

2

Ashley

— Le Click va fermer ! Mais pourquoi ?

Je n'en croyais pas mes oreilles.

— Nous ne sommes pas assez rentables, expliqua Malcolm.

— Mais je ne comprends pas, mes copines et moi, on vient tout le temps !

— Ça ne suffit pas à faire vivre le Click ! De toute façon, les « Cafés Heaven » ouvrent trois nouvelles succursales à quelques mètres d'ici. Il y aura trop de concurrence, argumenta le serveur.

— Le Click est beaucoup plus agréable que les « Cafés Heaven » !

Je ne pouvais pas y croire. C'était un endroit si sympa ! Qu'on y fasse ou non la soirée de Brittany, sa fermeture était une catastrophe !

— Vous serez encore ouvert samedi en quinze ? demandai-je à Malcolm.

Il jeta un œil au calendrier.

— Voyons voir... Le vingt-trois ? Oui, ça devrait être bon, dit-il. Mais je dois vérifier auprès de Tanya, la gérante. Laisse-moi ton numéro de téléphone, et je dirai à Tanya de t'appeler pour confirmer.

— Parfait !

J'ai griffonné mon numéro sur un bout de papier et l'ai confié à Malcolm.

« Cet endroit ne peut pas fermer, c'est impossible ! » pensai-je en contemplant les murs éclatants de couleur et les banquettes si confortables. « Il doit bien y avoir un moyen d'empêcher ça ! »

— Décidément, les « Cafés Heaven » poussent comme des champignons ! À ce rythme-là, il va y en avoir à tous les coins de rues ! s'énerva Mary-Kate.

— Tu as raison, acquiesçai-je. En tout cas, la fête de Brittany aura lieu au Click. Tanya m'a dit qu'il n'y aurait aucun problème et qu'elle ne nous ferait même pas payer la location de la salle !

— Impeccable, soupira Mary-Kate en s'effondrant sur les oreillers de mon lit.

— C'est fou comme tu as l'air enthousiaste ! Que t'arrive-t-il ?

— Bof, je n'en sais rien. Cet après-midi, je me disais juste que Jake était vraiment mignon.

Décidément, Mary-Kate ne pouvait pas s'empêcher de penser à lui.

— Ashley, tu crois que c'était une bêtise de rompre avec lui ?

— Tu l'as fait parce que tu n'étais plus très sûre que Jake soit le bon numéro.

— C'est vrai, dit-elle en bougonnant, mais si je m'étais trompée ?

— Je n'en sais rien ; tout ce que je peux te dire, c'est que lui et toi vous êtes très compatibles.

— Qu'est-ce qui te fait dire ça ?

— Ma grande théorie sur la compatibilité.

— Ta quoi ?

— Ma théorie sur la compatibilité ! Toi et Jake vous atteignez le score maximal !

— Mais enfin, de quoi tu parles ? s'énerva Mary-Kate.

J'ai sorti mon cahier de maths et j'ai expliqué :

— Tu vois, il y a deux grandes catégories. D'un côté la personnalité et les goûts ; de l'autre, les objectifs et les valeurs, ai-je dit en lui montrant un tableau que j'avais réalisé. La plupart des gens pensent que, pour former un couple idéal, il faut avoir plein de points communs. Eh bien, c'est absolument faux ! Regarde Tom et Jennifer, par exemple.

Jennifer et Tom, deux élèves de terminale au lycée, formaient un couple vraiment bizarre... Ils n'avaient rien en commun ! Et quand je dis rien, c'est RIEN !

Jennifer était branchée macrobiotique et s'investissait dans la politique et dans la lutte pour la sauvegarde des espèces animales en voie de disparition. Tom, lui, était un carnivore convaincu et un malade de foot. Personne n'arrivait à comprendre pour quelles raisons ils étaient ensemble. Pourtant, ils s'aimaient comme des dingues.

— Et alors ? demanda Mary-Kate.

— Eh bien, j'ai conçu une formule. Je

t'explique : ce ne sont pas les points communs qui sont importants mais **la proportion** entre les goûts et les valeurs communes ! Jennifer et Tom n'ont ni goûts ni valeurs en commun. Ils sont donc à zéro partout, ce qui est l'équilibre parfait : d'après ma formule, ils sont donc absolument compatibles !

Nous avons beaucoup travaillé sur les proportions ces derniers temps en maths !

— J'ai surtout l'impression que tu deviens folle ! se moqua Mary-Kate.

— Écoute-moi bien ! Voici un autre exemple : tu as cinq goûts en commun avec un type et seulement un objectif ou une valeur identiques. La proportion est de cinq pour un. Donc, dans ce cas, vous êtes incompatibles !

Mary-Kate hocha la tête en levant les yeux au ciel.

— Absurde !

— Il y a cependant un facteur déterminant qui peut annuler ma théorie. Si toi et ton chéri avez le même livre et la même chanson préférés, alors là, VOUS ÊTES FAITS L'UN POUR L'AUTRE ! Jake et toi, par exemple : vous êtes fous des *Grandes Espérances*, de Charles Dickens...

— C'est vrai, admit Mary-Kate.

— ... Et avant même que vous vous soyez rencontrés, vous aviez tous les deux la même chanson préférée ! Vous êtes donc faits l'un pour l'autre !

Ma brillante démonstration fit éclater de rire Mary-Kate.

— Tu as l'air si sûre de ta théorie, tu devrais monter une agence de rencontres !

— Je vais y travailler. Mais avant, il faut que je trouve un moyen d'empêcher le Click de fermer.

— Tu as raison, conclut Mary-Kate. Il sera toujours temps, après, de te transformer en géniale marieuse !!!

Et là, ce fut l'illumination. Que dis-je ? La révélation !

— Ça y est ! J'ai trouvé le moyen de faire venir les clients au Click et d'empêcher sa fermeture !

— Explique, demanda Mary-Kate, intriguée.

— Je vais monter un service de rencontres au Click. Je suis certaine que tout le monde va adorer !

— Comme ça, tu pourras expérimenter ta théorie et vérifier qu'elle fonctionne.

— Elle fonctionne, crois-moi. Je te le garantis !

Mary-Kate

Il ne restait plus que deux semaines avant l'anniversaire de Brittany.

— Ça ne nous laisse plus beaucoup de temps pour l'organisation, constatai-je le lendemain.

S'il y avait bien une chose qu'Ashley et moi avions apprise en préparant notre propre fête, c'était qu'il fallait s'y prendre à l'avance.

Ashley, Lauren et moi, nous nous étions donné rendez-vous à la cafétéria.

— Pourquoi on n'irait pas au Click ce soir pour discuter de la fête, proposa Lauren. On mettrait nos idées en commun.

— C'est une excellente initiative, approuva Ashley. Vous pensez qu'on devrait choisir un thème ou bien...

J'avais repéré Brittany qui arrivait droit sur nous.

— Taisez-vous, les filles, la voilà !

Quand Brittany vint s'asseoir près de nous, nous étions étrangement muettes.

— Salut, les filles !

Nous lui adressâmes un sourire innocent. Il fallait bien admettre que nous avions l'air un peu bizarres et Brittany était loin d'être idiote.

— Vous étiez en train de parler de moi ou quoi ? Vous êtes si calmes, c'est suspect.

— Pas du tout ! objecta Lauren.

— Il s'agissait de Jake, mentis-je. Mais comme il passait par là, nous nous sommes tues.

— Ah oui, où est-il ? demanda Brittany en parcourant du regard la cafétéria. Je ne le vois pas.

— Il vient de sortir, dit Ashley. Qu'as-tu pris pour déjeuner, Britt, de la soupe de légumes ?

— Moui, fit-elle, en soufflant sur son potage.

Elle le goûta, et fit aussitôt une horrible grimace.

— C'est immangeable !

— Ça t'apprendra à prendre des risques. Tu as trop l'esprit d'aventure, plaisanta Lauren.

— Si avoir l'esprit d'aventure, c'est vouloir manger autre chose que de la glace, tu as raison, je suis une vraie aventurière ! s'esclaffa Brittany. Bon sérieusement, vous faites quoi, ce week-end, les filles ? Moi, j'ai encore une leçon de surf demain.

— Tu dois être une championne avec toutes les leçons que tu prends ! dis-je.

— J'adore ça. En plus les garçons sont si craquants ! En réalité, je n'ai plus besoin de prendre des cours, mais mon prof est trop mignon !

Brittany était incorrigible !

— Et ce soir, vous avez prévu quelque chose ? continua-t-elle.

— Bof, je crois bien que je vais rester à la maison, répondit Lauren.

— Tu es sérieuse ? Nous sommes vendredi ! Il n'y a pas une fête quelque part ?

— Pas que je sache. Moi, je vais me faire un plateau télé ce soir, renchérit Ashley. Et toi, Mary-Kate ?

— Je suis un peu crevée, j'ai eu une

semaine chargée. Je ne vais rien faire non plus.

— Dommage, moi j'aurais bien mis le nez dehors, j'avais envie de faire la fête.

— Demain, si tu veux, proposai-je.

— Enfin, les filles, qu'est-ce qu'il vous prend ! C'est vendredi soir et vous ne voulez pas sortir ?

Aucune de nous trois ne broncha.

Plus tard dans l'après-midi, je rencontrai Mlle Barbour.

— Je suis heureuse de te voir, Mary-Kate, me lança-t-elle. Je vais te présenter à tout le monde !

Elle me conduisit dans la salle attribuée au nouveau site Web qui était encore en construction. Je reconnus quelques gamins et des terminales aussi. Tous face à leurs ordinateurs, en train de cliquer comme des fous.

— Nous nous y mettrons réellement lundi, me signala Mlle Barbour. Nous nous retrouverons après les cours pour mettre sur pied la ligne éditoriale et attribuer leurs tâches aux graphistes. Cela te convient ?

— C'est parfait, dis-je en regardant autour de moi.

Les murs étaient recouverts de posters en tous genres : photos de mode, reproductions d'artistes, affiches de films... Je compris que ce site Web n'allait pas être une pâle copie du journal de l'école. Il serait nouveau et branché.

Mlle Barbour m'entraîna vers un bureau où une fille surfait sur le Web.

— Tu connais peut-être Stacy Segal ? me demanda Mlle Barbour.

Stacy était une fille de terminale. Je l'avais aperçue plusieurs fois dans les couloirs du lycée, mais je ne lui avais jamais parlé.

— Elle sera notre rédactrice en chef. Tu travailleras sous ses ordres. Elle te confiera du travail et t'aidera chaque fois que tu auras un problème. Stacy, je te présente Mary-Kate Olsen.

— Salut ! fit Stacy.

— Salut !

— Mary-Kate est une photographe de talent, précisa Mlle Barbour. Elle fera une bonne directrice du service photos, mais nous reparlerons de tout ça lundi.

Mlle Barbour s'excusa et partit discuter avec d'autres étudiants. Je m'intéressai à l'écran de Stacy.

— Je suis en train de chercher tous les sites pour ados, m'expliqua-t-elle. Je prends des idées à droite et à gauche pour pouvoir faire des propositions concrètes à la réunion de lundi.

J'ai tapé une adresse.

— As-tu déjà visité celui-ci ? Il est actualisé très régulièrement. Il donne des tas de tuyaux sympas sur la mode et plein de trucs dans ce style. Je m'y connecte chaque jour avant de partir pour le lycée.

Stacy sourit dès qu'elle vit apparaître la page d'accueil du site.

— Bien sûr que je le connais. Je l'adore ! J'avais même pensé qu'on pourrait faire un site dans ce genre-là pour le lycée avec une astuce du jour. Quelque chose de drôle, quoi ! Je suis très excitée à l'idée de travailler avec Mlle Barbour, chuchota Stacy. Tu te rends compte qu'elle bosse pour un des plus célèbres magazines de mode à New York ! L'année prochaine, j'essayerai d'entrer dans la section journalisme à l'université de Los Angeles. Si j'arrive à obtenir une recommandation de sa part, je serai acceptée, c'est certain.

— C'est quelqu'un de très performant, et elle a l'air plutôt sympathique, non ?

— Elle aime beaucoup tes photos. Elle m'a dit qu'elle voulait recruter, pour son site, les étudiants les plus doués du lycée. Ton travail doit être vraiment génial !

J'ai souri en ne sachant que répondre. Stacy présentait l'équipe du site comme l'élite du lycée. Moi, j'espérais seulement me montrer digne du choix de Mlle Barbour.

Ashley

— Un service de rencontres ?

Tanya, la gérante du Click, me regardait l'air abasourdi. J'attendais Mary-Kate et Lauren, en fin d'après-midi, pour notre rendez-vous.

Tanya était coiffée d'une multitude de petites couettes blondes.

— Je n'avais jamais pensé à ça, dit-elle.

— J'établirai un questionnaire que les gens rempliront. Ils y mettront ce qu'ils aiment et détestent, ce qu'ils recherchent dans la vie, et tout ce qui leur passera par la tête. Je prendrai une photo pour chaque formulaire rempli. Nous les mettrons dans un album, afin que les clients du Click le consultent et voient si quelqu'un leur convient.

— J'adore ton idée ! s'exclama Tanya. Ça pourrait relancer le Click et faire venir du monde !

Malcolm leva les yeux du livre qu'il était en train de lire.

— J'espère que tu ne parles pas sérieusement, Tanya. Tu ne t'imagines pas que je vais passer mon temps à regarder défiler un troupeau de demeurés de terminale à la recherche de l'âme sœur !

J'ai lancé un regard assassin à Malcolm. « Demeurés de terminale ! » Alors qu'il n'était même pas en seconde !

— Je suis désolée, Malcolm, mais c'est peut-être le seul moyen de sauver le Click. Tu n'as pas envie de perdre ce job, que je sache ?

— Tu as raison, je ne m'en remettrais pas, ironisa Malcolm.

— Attends, tu ne sais pas tout, Tanya, ajoutai-je. J'ai mis au point une formule qui permet de calculer les affinités et les probabilités de former un couple idéal. S'ils le souhaitent, les gens pourront essayer ma formule sur la personne qu'ils ont sélectionnée dans l'album.

— Je trouve ça plutôt drôle. C'est d'accord, Ashley. Dorénavant, tu es la responsable officielle des rencontres entre filles et garçons au Click Café !

J'étais aux anges. Et sûre que les gens seraient fous de mon idée. Du coup, le Click resterait ouvert !

Je m'assis à une table pour commencer à travailler sur le questionnaire.

Quelques minutes plus tard, Lauren et Mary-Kate arrivèrent.

— Alors, comment Tanya a-t-elle trouvé ton idée ? demanda ma sœur.

Je lui montrai le questionnaire que j'avais commencé à rédiger.

AYEZ LE DÉ**CLICK** AU **CLICK** CAFÉ !

20 QUESTIONS POUR UNE RENCONTRE

AU **CLICK** :

1. Nom ....
2. Âge ....
3. ....

— C'est une affaire qui roule ! m'exclamai-je.

— C'est super ! s'écria Lauren.

— On pourrait en parler sur le site Web du lycée, proposa Mary-Kate.

— Très bonne idée !

Sur une autre page de mon carnet de notes, j'écrivis : FÊTE SURPRISE POUR L'ANNIVERSAIRE DE BRITTANY.

— Bon ! Quel genre de déco pourrions-nous faire ?

— Que diriez-vous d'un grand poster de Brittany ? suggéra Mary-Kate. Je pourrais dénicher une photo d'elle bébé, et en mettre une autre d'aujourd'hui à côté ? Genre Brittany « avant et après ».

— Pas mal du tout, approuvai-je en notant la proposition.

— Elle est vraiment branchée surf en ce

moment : on pourrait lui concocter une fiesta hawaïenne, avec punch et colliers de fleurs. Qu'en pensez-vous ? demanda Lauren.

— Oui, et on mettrait plein de musique style surfeur californien ! s'emballa Mary-Kate.

Je notai toutes les idées qui arrivaient pêle-mêle.

— Je sens que cette fête va être démente, dis-je. Que pourrions-nous faire d'autre ?

En levant le nez de mon carnet, j'aperçus Brittany de l'autre côté de la rue.

— Zut ! murmurai-je. Brittany est là, dehors, et elle nous a vues !

Mary-Kate et Lauren se retournèrent en chœur avant que je puisse faire un geste. Brittany nous fixait, visiblement vexée.

— Elle arrive ! cria Lauren. Qu'est-ce qu'on dit ?

3

Mary-Kate

— Pas de panique, chuchota Ashley en refermant à la hâte son carnet de notes. Faites comme si de rien n'était et souriez !

— Mais on lui avait dit qu'on restait chez nous, ce soir, siffla Lauren entre ses dents. Qu'est-ce qu'on va lui raconter ?

— On trouvera quelque chose, répondis-je en souriant à Brittany et en lui faisant de grands signes.

— Qu'est-ce que vous faites là, les filles ? demanda Brittany d'un air soupçonneux.

J'ai regardé Ashley, l'air égaré.

— Eh bien... Ashley et moi sommes venues parler à Tanya de son projet de rencontres. Et tu sais quoi ? Tanya a adoré l'idée !

— C'est super, dit Brittany en se tournant vers Lauren.

— Et figure-toi qu'on vient juste de tomber sur Lauren qui passait par là ! ajouta Ashley.

— Mais enfin, pourquoi ne m'as-tu pas appelée ? demanda Brittany à Lauren. Tu savais bien que j'avais envie de faire quelque chose, ce soir ! D'habitude tu me préviens quand tu vas boire un café au Click, non ?

— Évidemment, mais là, je n'avais pas prévu de venir ici. Ma... ma... mère m'a envoyée faire une course pour elle, j'ai vu Mary-Kate et Ashley dans le café et je suis entrée pour leur dire bonsoir.

Brittany décida de s'asseoir avec nous, ce qui était plutôt bon signe... Son expression était moins tendue. Elle semblait gober notre histoire.

— Et quelle était la course que tu avais à faire pour ta mère ? demanda Brittany.

Une vague de panique submergea Lauren.

— Elle est malade ! mentit-elle. J'ai dû aller lui chercher un médicament à la pharmacie.

Brittany prit une expression compatissante.

— Qu'est-ce qu'elle a ? interrogea-t-elle.

Lauren cherchait désespérément quoi répondre. Elle lançait autour d'elle des regards implorants. Je voyais bien qu'elle allait craquer. Je suivis son regard qui se posait sur le livre de Malcolm. Sur la couverture, on pouvait lire : *Pediculosis, enfin une solution !*

— Pediculosis ! s'écria Lauren. Ma mère est salement atteinte de pediculosis !

« Qu'est-ce que ça peut être ? » me demandai-je.

Brittany semblait très ennuyée.

— Ça a l'air affreux ! J'ai beaucoup de peine pour ta mère.

— Ne t'inquiète pas. Elle a juste besoin d'un peu de repos et de ses médicaments.

Ashley ouvrit son carnet de notes à la page de son projet, et je compris qu'elle allait essayer de changer de sujet de conversation.

— Allez, les filles, aidez-moi à plancher sur mon questionnaire !

Brittany parut très intéressée.

— Tu n'as qu'à leur faire remplir des « blancs », par exemple : « Les gens disent de moi que je suis trop... »

Ouf ! Brittany semblait avoir oublié que nous ne lui avions pas demandé de se joindre à nous.

Ashley

QUESTIONNAIRE POUR LE SERVICE
DE RENCONTRES DU **CLICK** CAFÉ
AUREZ-VOUS LE DÉ**CLICK** ?

VOLET 1 : Qui suis-je ?

Identité

Nom : ....

Âge : ....

Classe : ....

Lycée : ....

Adresse e-mail : ....

Souhaitez-vous qu'Ashley vous contacte pour tester son programme de compatibilité ? (Cochez) ❒ Oui ❒ Non

Mes activités extrascolaires et mes passions

Ce que je préfère

Livre : ....

Film : ....

Groupe musical : ....

Chanson : ....

Couleur : ....

Plat : ....

Matière au lycée : ....

Prof : ....

Artiste : ....

Comédien : ....

Comédienne : ....

Programme TV : ....

Animal : ....

Période historique : ....

Comment j'aime perdre mon temps : ...
....

Cinq choses sans lesquelles je ne peux pas vivre :

1 .... 2 ....

3 .... 4 ....

5 ....

Le mensonge le plus énorme que j'aie jamais fait : ....

Ce qu'il faut absolument savoir sur moi : ....

Le moment qui m'a mis le plus mal à l'aise : ....

Volet 2 : *Ce que je souhaite devenir et ce qui est particulièrement important pour moi*

Complétez les phrases suivantes :
Mes amis disent de moi que je suis trop...
Mes amis aiment quand je...
Je déteste quand mon petit copain ou ma petite amie...
J'adore quand mon petit copain ou ma petite amie...
Je cherche quelqu'un qui...

Je souhaite rencontrer quelqu'un qui possède les qualités suivantes :
(Cochez les qualités choisies et, au besoin, ajoutez-en)

Un bon look ❐ Générosité ❐
Intelligence ❐ Aimant les animaux ❐
Sens de l'humour ❐
Détestant les animaux ❐
Bon élève ❐ Belle voiture ❐
Fashion victim ❐
Autres ....

Je ne veux pas sortir avec quelqu'un qui :

Se teint les cheveux ❒
Mange de la viande ❒
Ne mange pas de viande ❒
Porte un piercing ❒
Autres ....

Les choses suivantes sont capitales pour moi : ....

Mes objectifs pour cette année sont :
....

Mes objectifs pour les cinq années à venir sont : ....

Mes objectifs pour la vie sont : .....

— Tu n'as qu'à remplir ce questionnaire, dis-je à une fille qui ricanait.

Je passais mon samedi après-midi au Click pour mettre en place le service de rencontres. Le bouche-à-oreille avait bien fonctionné et le Click était plein à craquer.

— Quand tu auras terminé, dis-je à la fille, je prendrai une photo de toi. Tu pourras aussi jeter un œil à l'album pour voir si quelqu'un te plaît.

— Merci, Ashley, dit la fille en prenant un formulaire.

Je souris à Tanya qui donnait un coup de main à Malcolm derrière le bar. J'avais réussi ! J'avais sauvé mon café préféré !

Tous les clients étaient très occupés à remplir leur formulaire et à faire la queue pour que je les prenne en photo. J'avais même aperçu Aaron Moore, assis à la grande table, dans le coin. Et, bien sûr, au moins cinq filles lui tournaient autour. Elles remplissaient leur formulaire et lui lisaient leurs réponses.

« C'est bien le dernier des garçons à avoir besoin d'un service de rencontres », me dis-je en l'observant. Aaron était grand et bien bâti, ses cheveux étaient noirs et souples, juste un peu trop longs. Sans parler de la façon qu'il avait de rejeter en arrière sa longue mèche brune en laissant voir ses beaux yeux bleus ! Tout cela le rendait irrésistible.

« Reviens sur terre ! » me dis-je. Je n'avais jamais pensé à sortir avec Aaron. Il était, c'est vrai, très mignon, mais suivi de près par un cortège de filles hystériques. Quoi qu'il en soit, c'était bon signe qu'il soit là aujourd'hui. Il allait faire du Click un endroit à la mode !

Quelqu'un me rapporta son questionnaire.

— Je suis prête pour la photo, maintenant, Ashley !

Levant les yeux, je reconnus Sarah Hunter, une jolie fille au teint mat avec de longs cheveux bouclés auburn et des yeux de biche.

— Tu cherches à rencontrer quelqu'un ? Et qu'est devenu Warren ?

Sarah et Warren étaient ensemble depuis le primaire. Pour tout le monde, ils formaient le couple parfait.

— Nous avons rompu, dit-elle d'un ton sec, comme si je me mêlais de ce qui ne me regardait pas.

Elle en avait peut-être aussi assez de rabâcher la même chose à tous ceux qui lui posaient la question.

— Ton service de rencontres tombe pile-poil pour me changer les idées !

— Bon. Tiens-toi contre ce mur, je vais te photographier.

Les deux albums – un pour les garçons, un pour les filles – étaient presque remplis. Je les emportai chez moi, et, après le dîner, je passai des heures à lire les formulaires, en particulier, ceux des garçons. Je trouverais peut-être un petit ami pour Mary-Kate. Jake lui manquait, mais peut-être avait-elle seulement besoin de rencontrer quelqu'un d'autre ?

Certains profils étaient susceptibles de lui convenir. Cependant, il y avait toujours quelque chose qui clochait. Genre : le but de ma vie, c'est de dominer le monde !

Et puis, je finis par trouver ! En lisant le questionnaire la première fois, cela ne m'avait pas frappée. Mais tout concordait une fois appliquée ma théorie de la compatibilité !

— Génial ! me suis-je exclamée. J'ai découvert le garçon idéal pour Mary-Kate.

4

Mary-Kate

— Je souhaite que ce site Web soit le reflet de la vie des étudiants, dit Mlle Barbour.

On était lundi après-midi et la première réunion de travail touchait à sa fin. J'étais assise derrière Stacy, qui buvait les paroles de Mlle Barbour. Elle semblait fascinée.

— Ce site ne doit pas être une simple copie du journal du lycée. Il doit même être l'exact opposé ! Pas de comptes-rendus des séances d'administration de l'école, pas d'éditos sur le nombre de distributeurs de boissons dont nous avons besoin. Notre site montrera ce que sont réellement les élèves et abordera les sujets qui les intéressent. D'autres questions ?

J'ai levé la main.

— Oui, Mary-Kate ?

— Quand pensez-vous que le site sera opérationnel ?

— J'espère que nous serons prêts dans quinze jours, répondit Mlle Barbour. Et nous l'actualiserons très souvent. Tous les jours, si possible. Autre chose ?

Plus personne ne posa de questions.

— Très bien, vous savez tous ce que vous avez à faire. Je serai là si vous rencontrez le moindre problème. On se revoit demain pour la prochaine réunion.

— Tu ne la trouves pas géniale ? me demanda Stacy alors que nous sortions. Avec elle, j'ai vraiment l'impression d'être une pro.

— Tu as raison, j'ai hâte de me mettre au travail. Le temps de prendre mon appareil photo dans mon casier et on y va ?

Stacy et moi devions faire un reportage sur la mode masculine chez les garçons du lycée. Stacy s'occupait du papier, moi des photos.

— L'entraînement de base-ball va bientôt se terminer. Si nous allions rencontrer les garçons à la sortie du vestiaire ? suggéra Stacy.

Nous attendions, assises sur les marches du gymnase quand les garçons commencèrent à sortir de l'entraînement.

— Regarde, c'est Aaron Moore ! Lui, il est toujours très branché ! chuchota Stacy.

Nous nous sommes approchées d'Aaron, qui discutait avec Erik, un joueur de son équipe.

— Salut, les garçons, lança Stacy. On peut vous poser quelques questions ?

— Pas de problème, répondit Aaron.

Il portait un jean et un T-shirt rouge avec le nom d'un groupe des années soixante-dix imprimé dessus. Rien de très extraordinaire, mais, sur lui, c'était génial. Erik, lui, était du genre Musclor et son short kaki ne lui allait vraiment pas.

— Nous travaillons pour le nouveau site Web du lycée, expliquai-je. Nous aimerions prendre quelques photos de vous et vous poser des questions sur votre style vestimentaire.

Aaron se mit à sourire timidement.

— Je ne savais pas que j'avais un « style ».

Erik lui, prit une pose de bodybuilder.

— Parle pour toi, Aaron. Ces filles savent reconnaître quelqu'un qui a du style ! dit-il en changeant de pose.

J'éclatai de rire et pris une photo de chacun. Stacy les questionna sur le genre de vêtements qu'ils aimaient porter et à quelle star ils voudraient ressembler.

Trois autres garçons sortirent du vestiaire. J'ai armé mon appareil et attendu qu'ils se rapprochent un peu. L'un d'entre eux avait un bon look : pantalon de velours côtelé et chemise bleue déboutonnée... C'était Jake.

— Merci, les garçons, dit Stacy en libérant Aaron et Erik. Maintenant, voyons ces trois-là, dit-elle en désignant Jake et ses copains.

Je n'étais pas certaine d'avoir envie de parler à Jake. Alors j'ai décidé de rester en retrait et de prendre les clichés d'un peu plus loin pendant que Stacy les questionnerait. Jake m'adressa un sourire et me fit un signe, mais il ne vint pas vers moi.

— Je ne m'étais jamais rendu compte qu'il y avait autant de garçons mignons dans ce lycée, fit Stacy alors que Jake et ses copains s'éloignaient. Notre mission nous oblige à le remarquer, non ? continua-t-elle.

J'ai souri. Moi, j'avais repéré Jake bien avant mon job sur le site.

— Qu'a dit Jake quand il t'a vue ? me demanda Ashley ce soir-là.

Nos parents dînaient dehors. Ashley et moi avions commandé des sushis. J'en saisis un avec mes baguettes, le trempai dans la sauce soja et le mangeai.

— Rien, il avait juste l'air un peu mal à l'aise.

— Alors oublie-le, me dit-elle. De toute façon, j'ai une nouvelle qui va te changer les idées !

— Ah oui, c'est quoi ?

— Tu as rendez-vous avec un garçon ! m'annonça-t-elle.

Mon sushi glissa de mes baguettes et atterrit dans mon assiette.

— Qu'est-ce que tu racontes ? lui demandai-je sans comprendre.

— J'ai longuement étudié mes formulaires du Click et j'ai fini par trouver le garçon idéal pour toi ! Inutile de me remercier, c'est mon travail.

— Écoute, dis-je. C'est vrai que Jake me manque, mais je ne me sens pas prête à rencontrer quelqu'un d'autre. J'ai assez à faire avec les cours et le nouveau site Web !

— Enfin, Mary-Kate, tu dois essayer ! Ne serait-ce que pour rendre service au Click Café ! De quoi aurai-je l'air si ma propre sœur ne veut pas essayer mon service de rencontres ? Je t'en prie !!!

— Bon, d'accord, dis-je en soupirant. Et quel est ce merveilleux garçon que tu m'as déniché ?

— Écoute, j'ai appliqué ma théorie des compatibilités, et si le résultat n'est pas parfait, il n'en est pas loin.

— Tu vas me dire qui c'est ? insistai-je.

— Mike Mott, répondit Ashley.

Je n'en revenais pas ! Comment ma propre sœur pouvait-elle me faire un coup pareil ?

— Tu plaisantes, j'espère ! Cet abruti de skater ? Mike et moi n'avons absolument rien en commun, rien du tout !

— Tu te trompes, Mary-Kate ! Avec

mon formulaire, tu n'imagines pas tout ce qu'on peut apprendre sur les gens ! Par exemple, Mike et toi avez la même couleur préférée : le bleu. Vous adorez tous les deux les chiens et votre prof favori est M. Burkett !

— Et alors ? dis-je en levant les yeux au ciel. Je te signale qu'à peu près tout le monde aime le bleu, les chiens et M. Burkett !

— C'est vrai, mais tout le monde ne dit pas qu'il ne pourrait pas se passer d'un stick pour les lèvres ! C'est ton cas et c'est aussi celui de Mike Mott !

— Mike Mott utilise un stick à lèvres ?

J'avais du mal à le croire. Je pensais que ce genre de manie était exclusivement réservée aux filles.

— Oui, un stick écran total. J'imagine que c'est parce qu'il fait du skate et qu'il est toujours au soleil, ajouta Ashley.

— D'accord, mais ce n'est pas une raison pour que ça marche entre lui et moi, affirmai-je, butée.

— Si l'on s'en tient à ma théorie, tu devrais au moins essayer de sortir avec lui. De toute façon, ça n'engage à rien !

— Bon, O.K. ! Je le fais parce que ça peut rendre service au Click !

— Ho ! merci, Mary-Kate ! Je t'assure que tu ne seras pas déçue ! dit Ashley en me serrant dans ses bras.

— Je le souhaite, mais j'en doute... dis-je en repensant à Mike Mott, à ses pantalons baggy et à son look de skater demeuré.

Ashley

— J'ai beaucoup réfléchi hier soir, me dit Lauren, et je sais que tu vas adorer mon idée !

C'était le lendemain, au Click, après les cours.

— Tu vois ce que je veux dire, Ashley : parfois tu réfléchis et, tout à coup, c'est la révélation, l'idée de génie !

— Oui, je vois très bien, ça m'arrive chaque jour, dis-je en riant.

— Alors voilà, je t'explique. J'ai réfléchi au cadeau idéal pour Brittany, dit Lauren. Et j'ai pensé à une planche de surf customisée !

— C'est une grande idée, m'exclamai-je. Brittany est dingue de surf et elle n'a pas de planche à elle. En s'y mettant tous, on pourrait lui en offrir une belle, toute jaune, avec son prénom et quelques papillons peints dessus !

Le jaune était la couleur favorite de Brittany et elle adorait les papillons.

— Mon frère m'a dit qu'on vendait des planches customisées sur la plage de Huntington. On pourrait y aller en voiture avec Mary-Kate et toi, qu'en penses-tu ?

— Impeccable !

— Je savais que ça te plairait, dit Lauren en sortant de son sac à dos un catalogue. L'anniversaire de Brittany est dans moins de quinze jours, il faut faire vite. Je dois la commander aussitôt de retour à la maison, il faut au moins dix jours pour avoir ce genre de planche.

J'ai compulsé le catalogue d'équipements de surf.

— Tiens, je t'apporte d'autres cœurs à prendre, me lança Tanya en déposant devant moi une pile de formulaires accompagnés de photos.

— Merci, Tanya, dis-je. (Je rendis le catalogue à Lauren.) Je ferais mieux de m'y remettre, déclarai-je en feuilletant la pile de formulaires. Il y en a de plus en plus, bientôt je ne saurai plus où donner de la tête !

Lauren en attrapa un et le consulta.

— C'est trop drôle, écoute ça : « Cinq choses dont je ne peux me passer : Steak haché, petit pain, pickles, ketchup et oignons. » Pourquoi n'a-t-il pas tout simplement inscrit hamburger ?

— Celui-là n'a pas de photo, dis-je en tirant un autre formulaire de la pile.

Ce que je remarquai en premier, ce fut son nom : Mysterio. Mysterio était un superhéros de bande dessinée. Un adolescent comme les autres, mais qui avait le pouvoir de se rendre invisible.

« C'est sûrement une plaisanterie », me dis-je. J'ai parcouru des yeux le formulaire et en haut, j'ai découvert une note :

Pour Ashley :

Ceci n'est pas une plaisanterie. Je dois garder l'anonymat pour des raisons qui me sont personnelles. Je serais très curieux de subir ton test sur la compatibilité pour voir avec qui tu me caserais. Envoie les résultats de ton test sur ma boîte mail du lycée. Si je suis O.K. pour rencontrer la fille que tu me suggères, je révélerai mon identité et l'appellerai.

Ce devait être une blague. Quelqu'un au lycée se moquait de moi. Mais en lisant attentivement le reste du questionnaire, je me dis qu'après tout ce n'était peut-être pas un canular.

Quelle que soit la personne qui avait rempli ce questionnaire, elle l'avait fait sérieusement et avait répondu avec franchise.

Sa manière favorite de perdre son temps était de s'allonger sur l'herbe et de contempler les nuages.

La seule chose qu'il recherchait chez une fille, c'était sa gentillesse.

Et sous la mention **pourquoi je mérite d'être connu**, il avait écrit : parce que ce que je suis en réalité, personne au lycée ne le sait. Je suis très différent de l'image que les gens ont de moi en général. Personne n'a encore jamais tenté de me connaître réellement. C'est pourquoi j'aimerais rencontrer une fille qui souhaite savoir qui se cache derrière le masque.

Tout cela m'intriguait beaucoup. Qui pouvait bien être le fameux Mysterio ?

5

Mary-Kate

— Elles sont superbes, Mary-Kate ! me félicita Mlle Barbour.

Elle regardait les photos que j'avais prises des garçons et de leur style vestimentaire.

— Nous allons utiliser ces trois-là, dit-elle en désignant les clichés d'Aaron, de Jake et d'un autre garçon. Écris-moi les légendes avant la fin de la journée, j'ai un autre travail à te confier pour demain.

— Pas de problème, dis-je.

Sur ce, elle disparut dans son petit bureau et ferma la porte. Je me mis au travail. Je fixai les photos choisies et essayai de trouver quelque chose d'intelligent qui collerait au sujet. Stacy s'approcha et s'installa devant l'ordinateur.

— Qu'est-ce que tu fais ? me demanda-t-elle.

— J'écris les légendes des clichés.

— Si tu veux, je peux jeter un œil dessus, proposa-t-elle en mettant un CD dans l'ordinateur.

— Oui, c'est une bonne idée, merci.

Stacy avait plus d'expérience que moi dans ce domaine et j'acceptai volontiers ses conseils. Une heure plus tard, je montrai à Stacy le fruit de mon travail.

— C'est très bon, dit-elle. Cette phrase est peut-être un peu trop longue.

Elle raya quelques mots. Elle avait raison : c'était bien mieux comme ça.

Quelques secondes plus tard, j'étais dans le bureau de Mlle Barbour et attendais son avis. Elle parcourut rapidement mes légendes.

— Excellent travail, Mary-Kate ! Tu te débrouilles très bien. Est-ce que tu as déjà pensé à te lancer dans le journalisme ? Je crois que tu devrais, tu as un réel talent.

J'étais aux anges ! Quel compliment de la part d'une professionnelle !

— Je suis flattée, dis-je en rougissant.

Alors que je retournais à mon bureau pour prendre mes affaires, Stacy me fit un petit signe de victoire. Elle avait entendu ce que Mlle Barbour m'avait dit.

— Bravo ! Quand Mlle Barbour fait un compliment, ce n'est pas à la légère. Tu es sur la bonne voie !

Je ne voulais pas avoir l'air trop contente de moi mais je me sentis rougir à nouveau.

— Oh ! au fait, Mary-Kate ! lança Mlle Barbour en sortant de son bureau. J'ai réalisé de grandes affiches pour annoncer l'ouverture du site. Les pubs doivent être chez l'imprimeur au plus tard demain soir. Je ne pourrai pas m'y rendre moi-même, j'ai un rendez-vous très important. Crois-tu pouvoir le faire à ma place, après les cours ?

— Bien sûr, dis-je.

— Je te laisse l'adresse et les prototypes sur mon bureau, dit Mlle Barbour. Tout est dans une grande enveloppe.

— Pas de souci, je m'arrangerai pour que tout soit chez l'imprimeur dans les temps !

— Merci. Je compte sur toi.

Ashley

— Tiens, regarde ça, dis-je à Mary-Kate quand elle entra au Click, le soir.

Je lui montrai le catalogue de surf que m'avait confié Lauren.

— Nous allons offrir ce surf à Brittany pour son anniversaire !

— Il est superbe ! s'écria Mary-Kate. Elle va adorer !

— Lauren l'a commandé tout à l'heure, lui dis-je. Mais il ne sera prêt que la veille de la fête de Brittany. Il va falloir jouer serré.

Mary-Kate regarda l'adresse au dos du catalogue.

— C'est très loin, au moins à une heure de route ! Tu es certaine qu'ils ne livrent pas ?

— Non, il faudra y aller en voiture jeudi soir après les cours. (J'ai repris le catalogue et l'ai rangé dans mon sac.) Il faut cacher ce truc, Brittany et Lauren doivent nous rejoindre d'une minute à l'autre !

— Tiens, regarde ceci avant qu'elles n'arrivent.

Mary-Kate tira une feuille de papier de son sac.

— C'est le projet d'invitation pour la soirée de Brittany. Je compte lancer l'impression ce soir.

Sur la carte il y avait une très jolie photo de Brittany.

Elle m'arracha soudain la carte et la cacha dans son sac.

— Attention, les voilà !

— Alors, les filles, comment ça va ? demanda Lauren alors qu'elle s'installait à notre table en compagnie de Brittany.

— Jetez donc un œil là-dessus, dis-je en tendant le formulaire de Mysterio à Brittany.

— Mysterio, mais qui est-ce ? s'enquit Brittany.

— C'est justement ce que j'aimerais savoir. Quelqu'un a une idée ?

— Pas la moindre, affirma Mary-Kate.

— Il a l'air d'être un garçon plutôt sympathique, remarqua Brittany.

— C'est peut-être une fille ? suggéra Lauren.

— Mais pourquoi une fille ferait-elle ça ? demandai-je.

— En y réfléchissant un peu, il n'y a aucune raison, continua Lauren.

— Ces demoiselles sont servies ! s'exclama Malcolm en déposant devant nous deux grands cafés frappés.

— Qui se cache derrière le nom de Mysterio, lui demandai-je.

— Un abruti ! lança Malcolm sans prendre la peine de réfléchir. De toute façon, cette histoire de service de rencontres est une vaste rigolade !

— Dis-moi, cher Malcolm, questionnai-je un peu irritée, depuis quand n'es-tu pas sorti avec une fille ?

— Ça ne te regarde pas, répliqua-t-il en se réfugiant derrière le comptoir avec un gros bouquin.

— Je parie qu'il n'a pas eu de rendez-vous depuis au moins un an ! souffla Mary-Kate.

— Et moi, je parie qu'il n'a jamais eu de rendez-vous ! ajouta Brittany. Qui voudrait sortir avec lui ? Il dénigre toujours tout !

— Voilà la solution ! m'écriai-je.

— Quelle solution ? me demanda Mary-Kate.

— C'est Malcolm ! Malcolm est Mysterio ! Il fait ça pour se moquer de moi puisqu'il pense que mon service de rencontres est une fumisterie !

— Oui, c'est possible, mais peut-être qu'il espère aussi obtenir un rendez-vous... ajouta Lauren.

Tout à coup les choses prenaient un sens.

— C'est une bien curieuse façon de demander mon aide, murmurai-je.

— Je ne suis pas sûre, les filles, dit Mary-Kate en relisant le formulaire rempli par Mysterio. Vous croyez vraiment que Malcolm serait capable d'écrire des trucs comme : « Mon but dans la vie est de découvrir ce pour quoi je suis fait, de le faire bien et de le partager avec quelqu'un qui m'aime » ?

— Je ne sais pas, admis-je.

Je me suis levée et me suis dirigée droit vers le comptoir. Malcom a posé son livre et m'a regardée.

— Quelque chose ne va pas ? Tu n'as pas assez de lait dans ton café ?

— Avoue ! C'est toi, Mysterio ! Tu veux me faire une sale blague, c'est ça ?

Malcolm resta interdit un bon moment, comme assommé.

— C'est de moi que tu parles, tu penses que je suis ton mystérieux abruti ? (Il riait maintenant aux éclats.) C'est trop drôle ! Tu crois que j'aurais pris la peine de remplir ce formulaire bidon pour te faire une blague ?

Hilare, il reprit son livre.

— Tu vas me faire mourir de rire, Ashley. Je te jure !

J'ai regardé les autres : Mary-Kate levait les yeux au ciel. En soupirant, je suis retournée m'asseoir.

— Bon, il faut croire que je me suis trompée, reconnus-je.

Mary-Kate me tapota le bras.

— En effet, je ne pense pas que ce soit lui, dit-elle.

— Eh bien, moi, je suis ravie que ce ne soit pas lui ! s'exclama Lauren. Je n'ai aucune envie que Mysterio soit une blague, je veux que Mysterio existe. Il est si romantique !

Au fond, j'étais d'accord avec Lauren. Moi aussi, je voulais que Mysterio existe bel et bien.

— Alors, avec qui allons-nous le marier ?

— Montre-nous les formulaires des filles,

dit Brittany. Et pourquoi pas celle-là ? dit-elle après en avoir parcouru quelques-uns.

Elle nous montra un formulaire rempli à l'encre rose, d'une écriture extravagante. Ali Riggs, c'est quelqu'un de gentil comme Mysterio. En plus ils aiment tous les deux l'omelette à la feta !

J'ai relu son questionnaire. Ali était une fille mignonne et beaucoup de garçons lui couraient après. Finalement, pourquoi pas ?

— Très bien, dis-je. Je parlerai à Ali demain au lycée et nous verrons si elle veut tenter l'expérience. À mon avis, ça ne va pas être simple de lui faire accepter un rendez-vous avec quelqu'un dont on ne sait presque rien !

— Demande-lui toujours, on verra bien, proposa Mary-Kate.

— Oui, et puis je me fiche un peu du résultat de ce rendez-vous. Le plus important est de découvrir qui se cache derrière le nom de Mysterio ! ajouta Brittany.

— Ça me fait penser à quelque chose, dis-je à Mary-Kate. Tu es libre samedi ?

— Oui, pourquoi ?

— J'ai organisé un rendez-vous entre

Mike Mott et toi. Je lui ai parlé cet après-midi. Il est impatient de te voir !

Mary-Kate poussa un profond soupir de lassitude.

— Tu sais, Ashley, je ne suis pas sûre d'être prête pour un rendez-vous, en ce moment...

— Mike Mott et Mary-Kate ! s'exclama Brittany en pouffant de rire. Tu les as collés ensemble !

— Je t'avais bien dit que c'était une erreur, Ashley ! continua Mary-Kate.

— Ho ! je vous en prie, soyez un peu plus ouvertes d'esprit, toutes les deux ! Nous connaissons à peine Mike, et personne ne peut être sûr qu'il n'est pas fait pour Mary-Kate. Quand je lui ai parlé cet après-midi, il s'est montré très sympathique !

— Mais enfin, Ashley ! s'écria Brittany. Il fait partie de cette bande de fous qui ne pensent qu'à leur skate ! Je te parie qu'il dort avec !

— Je te signale, au cas où tu ne le saurais pas encore, que je déteste le skateboard, ajouta Mary-Kate.

— On ne peut pas le réduire à ça !

— C'est ce qu'on verra, dit Brittany.

— Moui, continua Mary-Kate. Attendons samedi soir pour découvrir les qualités cachées de Mike Mott, s'il en a !

Soudain, je vis Jake faire irruption au Click, juste derrière Mary-Kate.

« Oh non ! me dis-je. Pourvu qu'elle ne le voie pas ! »

Jake s'installa sur une banquette et se mit à consulter un des albums du service de rencontres.

« Je rêve ! Mais qu'est-ce qu'il fait ? »

À ce moment-là, Mary-Kate s'aperçut que je regardais quelque chose. Elle se retourna et le découvrit.

— Jake feuillette les formulaires, chuchota Lauren. Est-ce que vous croyez que...

— Il est en train de se chercher une petite amie ! soupira Mary-Kate.

6

Mary-Kate

Jake a levé les yeux vers moi. J'ai fait mine de discuter avec Ashley.

— Tu crois qu'il m'a vue le regarder ?

— Non, je ne pense pas, répondit Ashley.

J'étais complètement déprimée : Jake et moi avions rompu à peine un mois auparavant et il cherchait déjà à me remplacer !

Bien sûr j'étais toujours en colère contre lui, mais il me manquait tellement ! Comment pouvait-il être si rapide ?

— En fait, tu as raison, Ashley. Je devrais peut-être me mettre à rencontrer d'autres garçons.

— À la bonne heure ! Tu passeras une super-soirée samedi soir, tu verras !

J'ai regardé Jake à nouveau, il était en train de lire attentivement un formulaire.

« Si seulement ça pouvait être vrai », me dis-je.

— Et surtout, ne t'en fais pas, je crois que j'aurai beaucoup de mal à trouver la fille idéale pour Jake, ajouta Ashley en m'adressant un clin d'œil appuyé.

Le lendemain après-midi, les locaux du site Web étaient déserts quand j'y pénétrai. Je suis entrée dans le petit bureau de Mlle Barbour et j'ai allumé la lumière. Sur son bureau était posé un paquet à mon nom et derrière le paquet se trouvait un bout de papier griffonné. « C'est sans doute l'adresse de l'imprimeur », me dis-je en attrapant le paquet et la note. Je suis ressortie rapidement et me suis dirigée vers ma voiture. Un groupe d'ados faisaient du skate sur le parking du lycée.

— Hé, Mike ! regarde qui arrive ! s'écria l'un des garçons.

J'ai vu alors Mike Mott sur son skateboard : il freina dans un crissement de roulettes et s'approcha lentement de moi.

— Heu... Salut, Mary-Kate ! On se voit samedi ?

— Oui, c'est ça, samedi, répondis-je.

Mon estomac faisait des nœuds. Je redoutais de plus en plus ce rendez-vous.

Deux des copains de Mike s'approchèrent de nous et l'un d'eux commença à plaisanter.

— Non mais je rêve ! Mike a une petite amie !

Puis ils se mirent à imiter le bruit d'un baiser.

— Ne fais pas attention, Mary-Kate, ce sont des imbéciles.

« Tu m'étonnes ! » me dis-je.

— Bon, je dois y aller maintenant, fis-je en me dirigeant vers ma Mustang.

— O.K., à plus, alors !

« Il a l'air d'être un gentil garçon, pensai-je. Mais tellement gamin ! »

Une fois parvenue à destination, je me garai dans le parking. Voilà, c'était là : 1542 Loma Vista. Mais c'était l'adresse d'une agence de voyages, pas d'une imprimerie !

Je vérifiai encore une fois ce qui était écrit sur la note. Pas de doute, j'étais au bon endroit. J'ai parcouru le centre commercial en long, en large, et en travers : aucun imprimeur. Alors j'ai sorti mon portable de mon sac et j'ai composé le numéro du lycée. Peut-être trouverais-je là-bas quelqu'un susceptible de me renseigner.

Le standardiste me passa le bureau du site Web, personne ne répondit.

J'ai repris ma voiture et me suis mise à chercher un imprimeur dans les environs. Impossible d'en trouver un !

Mlle Barbour avait dit que tout devait être déposé chez l'imprimeur avant le soir. Dans le cas contraire nous n'aurions pas les affiches à temps pour le lancement du site. Qu'est-ce que j'allais bien pouvoir faire ?

J'ai décidé de retourner au lycée. Avec un peu de chance Mlle Barbour y serait revenue après son rendez-vous. Et Stacy connaissait peut-être l'adresse de l'imprimeur ?

7

Ashley

— Et qui est-ce ? me demanda Ali.

Je l'avais coincée pendant l'interclasse pour lui montrer le formulaire de Mysterio.

— Justement, c'est là le problème. Je n'en ai pas la moindre idée. Tout ce que je sais, c'est qu'il est au lycée. Mais je t'assure, tu devrais tenter le coup.

— Il a écrit qu'il te révélerait son identité avant le rendez-vous, c'est ça ?

— Oui, ce qui te permettra de l'annuler si Mysterio est un sombre crétin.

Elle relut le questionnaire.

— Ça marche ! Je me lance !

— Génial ! m'écriai-je. Je lui envoie un mail pour lui dire qu'il a rendez-vous avec toi. J'ai hâte de découvrir qui il est !

— Moi aussi, ajouta Ali. Promets-moi de me prévenir dès que tu le sauras !

— Promis, juré !

Ali se dépêcha d'aller en cours. Quant à moi, je me suis rendue à la bibliothèque pour envoyer le mail à Mysterio.

À l'attention de Mysterio,

J'ai sélectionné quelqu'un pour toi et t'ai arrangé un rendez-vous. Je pense qu'elle te plaira. Son nom est Ali Riggs et elle est en troisième. Si tu veux en savoir davantage sur elle, tu peux consulter sa fiche dans l'album au Click. Peux-tu me dire très vite si tu es d'accord ?

Merci,

Ashley Olsen

J'ai envoyé le mail. Et j'étais si impatiente que je décidai d'enquêter un peu...

Je me suis rendue au bureau du proviseur. Mme Walsh, sa secrétaire, était très aimée de tous les lycéens parce qu'elle était l'incarnation de la grand-mère idéale. C'était une dame un peu ronde, aux jolis cheveux gris, qui avait toujours sur son bureau un grand pot rempli de bonbons.

— Bonjour, madame Walsh, dis-je en plongeant la main dans les sucreries.

— Regardez qui voilà ! La grande chef du service de rencontres de notre lycée bien-aimé !

J'étais étonnée qu'elle soit déjà au courant.

— Vous savez, j'essaie juste de donner un peu de bonheur aux autres, répondis-je.

— J'ai toujours pensé qu'il fallait un service de ce genre au lycée. D'ailleurs j'en sais bien plus long sur tous les élèves de cette école que tu ne pourrais l'imaginer !

C'était exactement ce que je souhaitais entendre. Elle savait tout sur tout le monde. Peut-être connaissait-elle un certain garçon qui se faisait appeler Mysterio...

— À ce propos, j'ai un service à vous demander. Pourriez-vous trouver le propriétaire d'une adresse mail de ce lycée ?

— La plupart des lycéens utilisent leur propre nom. Si ce n'est pas le cas, je ne pourrai malheureusement pas t'aider. C'est un renseignement confidentiel, dit-elle.

J'ai soupiré et avalé un autre bonbon.

— C'est très important, madame Walsh ! Il faut que je découvre qui est ce garçon, sinon je ne pourrai pas l'aider !

— Non, Ashley, je ne te donnerai pas ce genre d'information, c'est impossible. S'il prend un pseudonyme, c'est qu'il ne souhaite pas que tu saches qui il est. Tu dois respecter sa volonté.

— Mais comment lui fixer un rendez-vous si je ne sais pas qui il est ! dis-je en gémissant.

La sonnerie du cours suivant retentit.

— Tu ferais mieux d'aller en classe, me conseilla Mme Walsh. Prends quelques bonbons pour la route !

— Merci, dis-je en me servant généreusement.

Puis je fonçai en cours.

M. Hart, le prof de dessin, désigna une grande feuille de papier.

— Continuons notre leçon sur le portrait. La semaine dernière vous avez fait le portrait de quelqu'un que vous aviez en face de vous, c'est-à-dire moi.

Nous avons tous éclaté de rire quand nous avons découvert les portraits réalisés par la classe. La plupart étaient de véritables horreurs.

— Aujourd'hui, dit-il, j'aimerais que vous dessiniez quelqu'un de mémoire. Vous devez choisir une personne dont le visage est gravé dans votre esprit. Cette fois, vous tenterez de faire ressortir les caractéristiques du sujet que vous aurez choisi.

Je décidai de faire le portrait de ma mère, telle qu'elle est quand elle sort le soir. Au bout d'une petite heure, j'ai contemplé mon œuvre. J'avais presque terminé. J'ai jeté un œil au travail des autres. Aaron Moore dessinait un petit garçon qui lui ressemblait beaucoup, sûrement son frère. Les trois filles qui lui faisaient face s'évertuaient à représenter... devinez qui ? Aaron Moore !!!

« C'est dingue, pensai-je. Ces filles sont toutes folles de lui ! » Cela dit, je le comprenais. Aaron était vraiment très mignon.

Je suis allée prendre un crayon neuf au fond de la classe. Bart Weinberg était là, en train de dessiner avec fougue et application. C'était un élève petit et frêle, aux cheveux bruns en bataille. Pas vraiment le genre de garçon sur lequel on se retournait. Quelque chose retint mon attention : un marque-page dans son cahier. En me rapprochant, je découvris qu'il représentait Mysterio !

« Ça y est, me dis-je ! J'ai résolu l'énigme !!! Bart Weinberg doit être notre fameux Mysterio. Comme il est timide, il a souhaité garder l'anonymat. La plupart des gens le prennent pour un imbécile. C'est le genre de type fasciné par la science-fiction, et qui ne jure que par *Star Trek*. »

Je me suis approchée de Bart et lui ai murmuré :

— Je viens de t'envoyer un mail, Mysterio.

Il leva la tête et me fixa, hébété.

— Qu'est-ce que tu dis ?

— Je dis que je viens de t'envoyer un mail, répétai-je.

Il eut l'air un peu inquiet.

— Pour quelle raison m'enverrais-tu un mail ?

Sans attendre ma réponse, il se replongea dans son travail. Il était en train de dessiner Dark Vador et, visiblement, il voulait que je lui fiche la paix.

« Étrange, me dis-je en regagnant ma place, il n'a pas l'air de se sentir très concerné. »

Entre chaque cours, j'allais vérifier mes mails : pas l'ombre d'une réponse de Mysterio. Finalement, en fin d'après-midi, je trouvai un message. Mysterio avait enfin répondu !

Ashley,

Merci de ce rendez-vous pris avec Ali. C'est une fille adorable, mais je ne pense pas que cela puisse coller. Ne me demande pas pourquoi, je le sais, c'est tout.

Pourrais-tu chercher à nouveau ? Il doit bien y avoir quelqu'un de vraiment fait pour moi.

Donnons une autre chance à ta théorie de compatibilités.

Mysterio.

« Quoi ! Il ne veut pas de mon rendez-vous avec Ali ! »

Ali avait toujours beaucoup de succès. N'importe quel garçon aurait adoré avoir un rendez-vous avec elle. En revanche, Bart Weinberg n'était pas vraiment un top model. Il n'intéressait aucune fille. Alors, comment pouvait-il refuser de rencontrer Ali ? Quelque chose ne collait pas.

8

Mary-Kate

— Salut, Mary-Kate ! me lança Stacy le lendemain matin alors que j'entrais dans les locaux du site Web. Mon regard se tourna en direction du bureau de Mlle Barbour. Était-elle là ? J'avais laissé les prototypes des posters à imprimer sur son bureau avec un petit mot expliquant ce qui s'était passé, et je ne me sentais pas très à l'aise.

— Mlle Barbour revient dans une minute, elle a l'air d'une humeur massacrante, me signala Stacy.

Mon sang ne fit qu'un tour. J'essayais de m'occuper en choisissant des polices de caractères pour un sujet sur le sport, mais je ne pouvais m'empêcher de lever la tête chaque fois que la porte s'ouvrait.

Finalement Mlle Barbour apparut.

— Mary-Kate, peux-tu venir un instant, s'il te plaît ?

Et elle pénétra dans son bureau sans même regarder si je la suivais.

J'ai jeté un œil à Stacy, elle semblait trembler pour moi. J'ai respiré un grand coup puis j'ai rejoint Mlle Barbour.

— J'ai téléphoné à l'imprimeur hier soir, pour vérifier si les photos avaient bien été livrées. Il m'a dit que tu ne t'étais pas montrée.

— J'ai voulu y aller, dis-je. Je vous ai laissé un mot, d'ailleurs...

— J'ai vu, répondit-elle en m'interrompant d'un ton sec. Je n'y comprends rien. Je t'avais laissé des instructions claires avec le paquet. As-tu seulement essayé de trouver l'endroit ? Je n'en suis pas sûre !

— Bien sûr que j'y suis partie, protestai-je. J'ai parcouru Loma Vista en long, en large et en travers ! Je n'ai pas vu un seul imprimeur !

— Loma Vista ? fit-elle, incrédule. L'imprimeur est sur Ocean Drive. Je t'avais laissé l'adresse sur mon bureau.

Je n'en revenais pas !

— Vous plaisantez ? L'adresse était 1542 Loma Vista. Je l'ai trouvée sur une note près du paquet.

— Je n'ai pas la moindre idée de ce dont tu parles, s'obstina Mlle Barbour.

— Je vais vous montrer ! dis-je en me ruant vers mon bureau.

Je fouillai mes tiroirs comme une folle pour dénicher le bout de papier où était inscrite l'adresse, mais rien à faire : impossible de remettre la main dessus !

— Je suis désolée, dis-je en revenant dans le bureau de Mlle Barbour. Je l'ai perdu. Mais je vous jure qu'Ocean Drive n'y était pas mentionné.

Mlle Barbour prit un air excédé. Plus j'essayais de prouver ma bonne foi, plus j'étais ridicule. Un bout de papier avec une mauvaise adresse, c'était une excuse minable.

— Quoi qu'il en soit, finit par dire Mlle Barbour, j'ai apporté moi-même le travail à l'imprimeur ce matin. Il m'a dit qu'il se dépêcherait et finirait les posters à temps.

J'étais soulagée. Le désastre était évité !

— Je ne sais pas ce qui s'est passé, mais si tu veux continuer à travailler avec moi, il va falloir que tu fasses un peu plus attention. J'ai besoin de pouvoir compter sur toi, tu comprends ?

— Oui, mademoiselle, répondis-je, honteuse. Et je retournai, penaude, travailler à mon bureau.

— Ça va ? me demanda Stacy à mi-voix.

J'ai hoché la tête. Je n'avais pas envie de discuter de tout ça maintenant.

Ashley

Mysterio,

Je suis désolée que tu n'aies pas apprécié la première rencontre que je t'ai proposée. Je dois dire que je suis très surprise. Ali est une fille géniale et je pense que tu aurais dû lui accorder une chance. J'imagine que tu as de bonnes raisons d'agir ainsi et que ce ne sont pas mes affaires.

Deux autres filles pourraient correspondre à ton profil. J'ai appliqué ma fameuse théorie à chacune d'entre elles et elles obtiennent un score très honorable. Elles veulent bien te rencontrer.

Es-tu d'accord pour leur laisser une chance ? Elles sont du lycée. Il s'agit de Caroline Farber et d'Alicia Gorman. Qu'en penses-tu ?

— Ashley, ça te dirait d'aller au centre commercial avec moi, après les cours ? me demanda Brittany.

J'étais prête à envoyer mon mail à Mysterio.

— Avec plaisir, je dois racheter des pellicules. J'ai déjà usé quatre rouleaux au Click.

— C'est dingue, tous ces jeunes en mal d'amour ! s'écria-t-elle.

— Ils ne sont pas « en mal d'amour », protestai-je. Ils font ça pour s'amuser, c'est tout.

Sur ce, j'envoyai mon mail.

— Tu as des pistes pour savoir qui est ce fameux Mysterio ? s'enquit-elle en s'asseyant près de moi.

— Oui. Je pense que c'est Bart Weinberg.

— Tu veux rire ! Bart ne sait même pas que les filles existent !

— Je suis sûre que c'est lui parce qu'il avait dans son cahier un marque-page qui représentait Mysterio. Donc, ce ne peut être que lui !

Brittany soupira et leva les yeux au ciel.

— Enfin, Ashley, redescends sur terre ! Des marque-pages Mysterio, tout le monde en a ! Un nouveau film sur Mysterio va bientôt sortir, c'est de la promo. Tu n'as pas remarqué qu'il y a du Mysterio plein les magasins en ce moment ?

— Bon, O.K. Je ne suis pas vraiment fan de ce genre de films, reconnus-je.

— De toute façon, ajouta Brittany, il n'y a aucune raison pour qu'un type comme Bart Weinberg refuse un rendez-vous avec Ali Riggs. Cela n'a pas de sens !

— Admettons que Mysterio ne soit pas Bart, dis-je en soupirant. Alors qui est-ce ? Cette histoire me rend folle !

— Tu le sauras peut-être quand il répondra à ton mail.

À cet instant quelqu'un me tapa sur l'épaule.

— Salut, Ashley, ça va ?

En me retournant, je découvris Warren Voigt, l'ex-petit ami de Sarah Hunter. J'avais toujours bien aimé Warren. C'était un type sympa et toujours souriant. Mais ce jour-là, quelque chose semblait l'avoir mis de très mauvaise humeur...

— Je tenais à te remercier, Ashley, dit-il d'un ton agressif. Tu as fichu ma vie en l'air !

9

Ashley

— Moi, j'ai fichu ta vie en l'air ? répétai-je, abasourdie. De quoi parles-tu ?

— Tu as poussé Sarah à accepter un rendez-vous avec quelqu'un de ton stupide service de rencontres ! Et, du coup, nous avons rompu !

Je n'en revenais pas. Je me rappelai très bien le jour où Sarah était venue me voir au Click pour remplir un questionnaire. Elle avait alors affirmé que Warren et elle étaient séparés.

Je me tournai vers Brittany, attendant un soutien de sa part. Mais elle marmonna quelques mots incompréhensibles et se défila. Je restai seule face à Warren fou de rage.

« Trouillarde ! » pensai-je.

— Je ne comprends pas, Warren. Sarah est venue au Click pour remplir un formulaire, mais elle m'a dit qu'elle et toi n'étiez plus ensemble !

— C'était la période où j'essayais d'arranger les choses entre nous, et ça fonctionnait plutôt bien. Sauf que l'autre soir, elle a eu ce rendez-vous ridicule avec Toby. Et maintenant, elle veut le revoir ce week-end ! Je crois qu'elle a flashé sur lui !

J'étais anéantie. Tous deux avaient formé un couple adorable. Que pouvais-je faire ? Si Sarah avait eu un coup de cœur pour quelqu'un d'autre, je n'y étais pour rien !

— Warren, je suis désolée. Dis-moi comment je peux t'aider.

— Je vais te le dire tout de suite : à partir de maintenant, mêle-toi de ce qui te regarde, un point c'est tout !

Là-dessus, il tourna les talons et claqua la porte de la bibliothèque en sortant.

Tous les regards se tournèrent vers moi. Je pris un air angélique et balbutiai :

— J'ai l'impression qu'il n'a pas trouvé le livre qu'il cherchait...

Plus tard dans la matinée, alors que j'allais vérifier mes mails avant de retrouver Mary-Kate et Lauren pour le déjeuner, Paula Cooper m'arrêta dans le couloir. Paula était une jolie fille avec de longs cheveux auburn et une voix haut perchée.

— Salut, Paula, m'exclamai-je, comment vas-tu ?

— Il m'a posé un lapin, ce crétin ! hurla Paula. J'avais rendez-vous avec Paul Logan hier soir, et cet idiot n'est même pas venu !

— Tu plaisantes ! m'écriai-je. Tu es sûre que ça n'est pas un contretemps ou un malentendu ? Il lui est peut-être arrivé quelque chose ?

— Rien du tout ! C'est juste un abruti ! Je l'ai appelé pour savoir ce qui se passait, et figure-toi qu'il était tranquille chez lui en train de regarder la télévision avec ses copains !

— Je suis navrée, Paula.

— Dis-moi comment t'est venue l'idée de nous coller ensemble ? Juste parce que je m'appelle Paula et lui Paul ? Tu as trouvé ça craquant ?

— Il avait lu ton questionnaire, vu ta photo. Rien d'autre, je t'assure !

— Alors pourquoi cette andouille m'a posé un lapin ?

— Je n'en sais rien. Cela n'a aucun sens.

— Ashley, tu vas me faire plaisir. Ne prends plus d'autre rendez-vous pour moi ! Je me débrouille beaucoup mieux toute seule ! finit-elle par dire.

Et elle me planta là.

J'étais un peu sonnée. Finalement, ce service de rencontres n'était pas aussi simple à gérer que je le pensais.

J'allai voir si Mysterio m'avait répondu. Peut-être allait-il me remonter le moral ?

Je suis désolé, Ashley. Je ne souhaite rencontrer ni Caroline ni Alicia. Ce sont des filles adorables, mais je suis certain qu'elles ne sont pas faites pour moi. Crois-moi sur parole. Voudrais-tu essayer encore, s'il te plaît ?

Mysterio.

J'en aurais pleuré de rage ! Comment ce type pouvait-il se permettre de me mener en bateau !

« Il se fiche de moi, me dis-je. Tout ça devient ridicule ! »

— Quelque chose ne va pas ? me demanda Mary-Kate alors que je les rejoignais, Lauren et elle, à la cafétéria.

— Je voudrais juste qu'on m'explique pourquoi tout le monde dans ce lycée est si susceptible ! dis-je, en colère.

— Mais de quoi parles-tu ? s'exclama Lauren.

— Warren Voigt me déteste parce que j'ai fixé à Sarah un rendez-vous avec un autre garçon dont elle est tombée amoureuse. Paula Cooper, elle, s'est fait poser un lapin et me hait définitivement. Pour couronner le tout, Mysterio vient de refuser pour la deuxième fois de rencontrer les filles que je lui proposais !

— C'est une blague ! s'écria Mary-Kate. Tu veux dire que tu ignores toujours qui il est ?

— Je sais seulement que c'est un garçon super-difficile. Toutes ces histoires commencent à me rendre dingue !

— Parlons de la fête d'anniversaire de Brittany, suggéra Lauren. C'est dans huit jours !

— Je pense que tout le monde a bien reçu

l'invitation. J'ai déjà eu vingt-cinq réponses, répondit Mary-Kate.

— Il nous reste à commander le gâteau, leur rappelai-je.

— Allons à la pâtisserie que Brittany adore, proposa Lauren.

— Ça marche. On y va cet après-midi ?

— Je ne peux pas, lança Mary-Kate. Il faut que je travaille pour le site afin de prouver à Mlle Barbour qu'elle peut compter sur moi. Elle m'en veut tellement depuis cette histoire avec l'imprimeur...

— C'est étrange, soupirai-je. Tu crois qu'elle aurait pu se tromper et te laisser une mauvaise adresse ?

— Cela ne lui ressemble pas de faire ce genre d'erreur. Elle est plutôt incroyablement organisé. Bref, je n'irai pas à la pâtisserie avec vous.

— Ne t'en fais pas, dit Lauren. Ashley et moi, nous nous en occupons.

Une petite voix résonna en moi. « Une seconde, Ashley. Tu n'avais pas un truc important à faire cet après-midi ? »

Rien ne me vint à l'esprit. J'avais la tête vide. Il était arrivé tant de choses depuis le matin !

Mary-Kate

Cet après-midi-là Mlle Barbour s'adressa à toute l'équipe du site.

— Steve Sorkin a dû quitter son poste. J'ai donc besoin de votre concours à tous pour le remplacer. Mary-Kate, je sais que tu es déjà très prise par tes fonctions de photographe, mais maintenant que Steve n'est plus parmi nous, j'aimerais que tu écrives quelques articles.

J'étais ravie et j'acquiesçai en essayant de dissimuler mon enthousiasme. En fait, j'adorais écrire. J'avais même un carnet secret dans lequel je rédigeais des textes à mes moments perdus. De plus, c'était une excellente occasion de montrer à Mlle Barbour que l'on pouvait me faire confiance.

— Steve travaillait sur deux sujets, continua-t-elle. Le premier traitait de sport, le second de la meilleure façon de postuler pour rentrer à l'université. Joseph et Beth, j'aimerais que vous repreniez le sujet sport. En outre, je souhaiterais que chacun d'entre vous travaille sur un thème de son choix pour remplacer l'article de Steve sur l'entrée à l'université. Lancez-vous, nous prendrons le meilleur.

Je suis vite retournée à mon bureau et j'ai sorti mon carnet de notes. J'y avais ébauché deux textes qui pouvaient faire de bons papiers. Deux histoires complètes y étaient également rédigées. L'une traitait de ma difficile adaptation au lycée, l'autre des différents clans pouvant y exister.

— J'ai une super-idée ! s'écria Stacy, déjà concentrée sur son ordinateur.

J'ai rédigé une courte histoire sur le bachotage pendant les vacances sans trop y réfléchir, un peu comme si les mots s'imposaient à moi. Puis je l'ai imprimée et déposée dans le casier de Mlle Barbour.

De retour à mon bureau, je me suis mise à travailler sur la maquette de la page des sports. J'avais un mal fou. À chaque instant, je levais la tête en direction du bureau de Mlle Barbour : qu'allait-elle penser de mon travail ?

— Laisse-moi encore deux minutes pour vérifier ma boîte mail, dis-je à Lauren.

Je ne pouvais pas m'empêcher de penser que j'avais oublié un truc important.

— Tu la regarderas quand tu rentreras chez toi. Viens vite, Ashley, nous devons être à la pâtisserie avant qu'elle ferme.

Dans la boutique, il n'y avait que des merveilles.

— Lauren, regarde celui-là, il est splendide !

C'était un énorme gâteau à la fraise recouvert d'une épaisse couche de chantilly. Miam !

— Brittany est allergique aux fraises, me rappela-t-elle. De toute façon, elle n'aime que le chocolat.

Nous avons discuté avec le pâtissier et sommes tombés d'accord sur un gâteau au chocolat en forme de planche de surf, avec un glaçage jaune.

— C'est génial ! m'exclamai-je en regardant le croquis que nous proposait le pâtissier.

— C'est parfait, confirma Lauren. J'adore !

À cet instant, mon téléphone se mit à sonner. C'était Brittany !

— Salut, dis-je gaiement.

— Mais enfin, Ashley, où es-tu ? Ça fait une heure que je t'attends !

Zut ! J'avais complètement oublié mon rendez-vous avec elle au centre commercial pour faire du shopping !

Lauren me regardait, les yeux écarquillés.

— Que se passe-t-il ? chuchota-t-elle.

J'étais en ligne et ne pouvais rien lui expliquer.

— Brittany, je suis désolée. Quelque chose est arrivé et du coup j'ai dû... heu... quitter le lycée très vite.

— Mais pourquoi ? s'écria Brittany. Ça ne va pas ?

Je cherchai désespérément un mensonge à raconter.

— Hum... En fait... Tout va bien mais... hum, la mère de Lauren est à nouveau tombée malade et il m'a fallu raccompagner Lauren chez elle de toute urgence.

— Encore ce « pediculosis » ? demanda Brittany.

J'étais ravie qu'elle se souvienne du nom de cette maladie, j'en aurais été bien incapable !

— Oui, exactement ! Le « pediculosis » de Mme Glazer a repris de plus belle. Mais elle va mieux, maintenant. On se retrouve au centre commercial ?

— Non, laisse tomber, il est trop tard. Je dois rentrer chez moi.

— Alors, on se voit demain au Click...

Je parlais dans le vide : Brittany avait déjà raccroché.

10

Mary-Kate

Mlle Barbour finit par sortir de son bureau.

« Elle vient par ici », me dis-je, anxieuse. Mes mains tremblaient. Elle appréciait mes photos, mais qu'allait-elle penser de ma façon d'écrire ?

Elle s'arrêta devant moi.

— Mary-Kate, j'adore ton article. Peux-tu venir dans mon bureau un instant, que nous en discutions ?

Je la suivis.

« Elle aimait ! Et en plus, elle me souriait. » Ça signifiait qu'elle avait oublié mes erreurs passées.

— Tu écris très bien, Mary-Kate. J'aimerais beaucoup que tu rédiges des articles complets pour le site. Si tu en as le temps, évidemment.

— J'adorerais ! m'écriai-je. Je pourrai écrire mes propres papiers et les illustrer avec mes photos. Et je n'aurai plus besoin de demander à Stacy de m'aider pour les interviews et la rédaction.

— Je suis certaine que ce sera une bonne expérience pour toi !

Mlle Barbour était une « pro » et elle trouvait que j'étais douée !

— Merci beaucoup, dis-je, aux anges.

— Je voudrais que tu t'y mettes tout de suite. As-tu une idée de sujet ?

— Que penseriez-vous d'une chronique sur les seize ans des ados ? C'est un moment très important. Ma sœur et moi avons fait une super-soirée l'année dernière. En ce moment, nous sommes en train d'organiser une fête surprise pour Brittany.

— Je trouve cela intéressant, acquiesça Mlle Barbour. C'est un bon sujet, que l'on peut traiter sous différents angles. Juste ce qu'il nous faut pour le site.

En retournant à mon bureau, j'étais sur un petit nuage. Stacy rangeait ses affaires.

— Qu'est-ce qu'elle t'a dit ? demanda-t-elle.

— Elle aime beaucoup ce que je fais.

— Je veux tout savoir ! Allons prendre un café, tu me raconteras ton entrevue.

Nous nous sommes installées au Click.

— Je suis tellement contente, si tu savais ! dis-je à Stacy. J'adore faire des photos, mais écrire, c'est ce que je préfère ! Je n'étais pas sûre d'en être capable.

— Mlle Barbour sait ce qu'elle dit. Si elle pense que tu as du talent, c'est que tu en as vraiment.

— Et toi, raconte. Sur quoi travailles-tu en ce moment ?

— J'écris un article, mais je ne veux pas en parler avant de l'avoir terminé. Je le ferai lire à Mlle Barbour lundi.

— Tu lui as demandé de te faire une lettre de recommandation pour l'université ?

Stacy acquiesça.

— Elle veut d'abord me connaître un peu mieux.

— C'est assez logique, approuvai-je.

Après avoir bu notre café, nous sommes rentrées chez nous, la tête pleine de projets.

Le samedi après-midi suivant, Mary-Kate, Lauren, Brittany et moi étions réunies au Click. Elles m'aidaient à mettre en ordre les derniers formulaires.

— J'aimerais comprendre pourquoi il fait ça, dis-je. Pourquoi s'inscrit-il dans mon service de rencontres s'il refuse systématiquement tous les rendez-vous que je lui propose ?

Je parlais bien sûr de Mysterio.

— C'est un garçon difficile, fit remarquer Mary-Kate.

Elle s'empara de quelques formulaires au hasard.

— Regarde toutes ces filles qui veulent rencontrer l'âme sœur ! Les candidatures ne manquent pas ! On peut lui en proposer d'autres ?

— J'ai une idée ! lança Brittany. Pourquoi ne remplirais-tu pas un questionnaire, Ashley ? Tu pourrais appliquer ta fameuse théorie sur Mysterio et toi ?

— Génial ! s'emballa Lauren. Étudions

vos scores et voyons si vous êtes compatibles !

— Mais je ne sais pas qui est ce type, ni même s'il est mon genre ! protestai-je.

— Ali Riggs a pris le risque, elle, me rappela Brittany.

— Et moi, alors ! s'exclama Mary-Kate. Je suis ton petit rat de laboratoire. Tu m'as collé un rendez-vous forcé avec Mike Mott ce soir même !

— Ce n'est que justice, Ashley, fit Lauren. Tu demandes à ta sœur de faire preuve d'ouverture d'esprit, fais-en autant.

— Bon, O.K., dis-je. Accordez-moi un petit quart d'heure.

Je me suis installée à une table pour pouvoir me concentrer sur le questionnaire. Après, j'ai comparé les résultats de Mysterio aux miens.

— Tu as terminé ? me demanda Mary-Kate.

Elles étaient impatientes de connaître les résultats.

— Wahou ! s'exclama Lauren, sidérée. Tu es la femme idéale pour Mysterio !

11

Mary-Kate

C'était samedi soir et je me préparai pour sortir avec Mike Mott.

— De quoi ai-je l'air ? demandai-je à Ashley, tournant devant elle comme un mannequin.

J'étais vêtue d'un jean, d'un pull bleu pâle et de boots.

— Mary-Kate, je te signale que c'est un rendez-vous. Tu pourrais faire un effort, quand même ! Maquille-toi un peu !

— Je n'ai pas envie d'en faire des tonnes. Je dois retrouver Mike au Dude Ranch.

Le Dude Ranch était le rendez-vous des skaters au bord de la plage. Pas tout à fait le top du chic !

— Peut-être, mais cela reste un rendez-vous, insista Ashley.

Je me regardai dans le miroir. Ashley avait raison. J'étais bien, mais pas particulièrement sophistiquée.

Je décidai de mettre un soupçon d'ombre à paupières.

— Ce rendez-vous m'angoisse un peu.

— Désolée, répondit Ashley, l'air absent. Garde l'esprit ouvert. Après tout cela se passera peut-être beaucoup mieux que tu ne l'imagines.

— Je sais bien que tu te fiches de savoir si je vais passer une bonne soirée ou pas. De toute façon, tu ne penses qu'à Mysterio.

— C'est vrai, admit Ashley. Rends-toi compte ! Il est sensé être le garçon de ma vie ! Mais qui est-il vraiment ? J'ai presque peur de le découvrir.

— Je te rappelle qu'il est parfait selon ta théorie à toi. Il n'est pas question de science exacte !

— Tu mets en doute ma théorie ?

— En tout cas, elle nous a réunis, Mike et moi. Je te dirai tout à l'heure si tu avais raison ou tort, répondis-je en lui montrant mon maquillage.

— C'est beaucoup mieux, fit Ashley. Essaie de passer une bonne soirée !

— Pas de problème, dis-je en attrapant mon sac à frange.

Mike venait de terminer une figure périlleuse.

— Tu es doué ! m'exclamai-je.

— Merci, Mary-Kate. Et si nous allions manger un morceau ?

Je ne savais pas du tout dans quel genre de restaurant un type comme lui pouvait avoir envie de dîner.

— Très bonne idée. Où allons-nous ?

— Chez Stoker ? proposa-t-il. Leurs pizzas sont super bonnes.

Le restaurant en question était une salle de jeux vidéo qui servait des pizzas et des burgers. Côté romantisme, on pouvait trouver mieux. Mais après tout, ça n'était peut-être pas plus mal.

— Allons-y, je suis sûr que tu vas adorer, dit-il.

— Hé, regarde, s'écria Mike en entrant chez Stoker, le Pulverizer est libre ! Installe-toi devant pendant que je vais chercher deux parts de pizza.

Le Pulverizer était un énorme jeu vidéo.

— J'espère que tu aimes les peperoni, fit Mike en me tendant une part de pizza et un Coca.

J'ai goûté la pizza : elle était délicieuse.

Mike a mis quelques pièces dans le jeu vidéo.

— Les femmes d'abord, lança-t-il pendant que le jeu se chargeait.

— Non, vas-y en premier, dis-je. Je vais finir ma pizza pendant ce temps-là.

Je n'avais pas la moindre idée de la façon dont on jouait au Pulverizer.

J'ai regardé la façon dont Mike jouait. Il fallait diriger une voiture ultra-performante à travers une série d'obstacles : d'abord des chocs électriques puis des monstres métalliques et enfin des singes géants armés de fusils laser. Quand on les ratait, la voiture se faisait détruire par le Pulverizer d'une manière apocalyptique.

— Catastrophe ! m'écriai-je.

La voiture de Mike venait d'être pulvérisée.

— C'est à toi, maintenant, dit-il.

Je me suis installée devant la machine. J'étais très contente de jouer car j'adorais conduire. J'ai démarré sans trop de difficultés.

— Fais attention à ce tournant ! me conseilla Mike. Bien joué, tu es super-forte !

Je réussis à mener ma voiture jusqu'au palier des singes géants, avant de me faire pulvériser.

— Je rêve ou tu as un Pulverizer perso à la maison ! s'exclama Mike. Tu joues comme une déesse !

— Tu plaisantes ! Je n'y avais jamais joué avant, répondis-je en riant.

— De toute façon, je vais gagner, cette fois.

— Vas-y, montre-moi ce que tu sais faire, dis-je.

Et je lui cédai la place.

Il fit un peu mieux, cette fois-ci, mais moi, j'arrivai au dernier palier, celui où l'on a l'occasion de pulvériser le Pulverizer.

— Tu dois être une dingue du volant ! On fait une autre partie ?

Le bruit des jeux vidéo commençait à me taper sur le système.

— Pourquoi n'irions-nous pas faire un tour ? suggérai-je.

— D'accord, fit Mike.

Nous avons quitté la salle de jeu et nous nous sommes dirigés vers la plage pour regarder les skaters s'entraîner, deux milk-shakes à la main.

— Dis-moi, demanda Mike, quelles sont tes passions en dehors du lycée ?

— J'adore faire de la photo, répondis-je. En ce moment, je travaille sur le nouveau site Web du lycée : je réalise la mise en pages et j'écris quelques articles.

— Oui, j'en ai entendu parler. Des filles du site sont venues m'interviewer.

— Ce devait être Stacy, dis-je.

— Il y a un truc que je voudrais te dire, fit Mike. (Il avala une gorgée de son milk-shake.) Je pense que tu es une fille bien, mais je ne suis pas certain d'avoir envie d'une petite amie en ce moment. Pour l'instant, mon truc, c'est le skate et rien d'autre.

J'essayai de ne pas lui montrer mon soulagement.

— Ne t'inquiète pas. Je suis aussi très occupée avec le site et le reste.

— Ce n'est pas que je ne veux pas de toi comme petite amie. Simplement, j'ignore ce qu'une fille comme toi pourrait trouver à un type comme moi.

En fait, il n'était pas aussi timide que je l'imaginais. Il me regardait droit dans les yeux et me parlait de façon sincère. Je le trouvais sympathique. Il aurait fait un frère génial.

— Pourquoi as-tu rempli un formulaire si tu n'avais pas envie de rencontrer une fille ? demandai-je.

— Mes copains m'y ont forcé. Ils ont parié que personne n'accepterait de sortir avec moi. Du coup, j'ai décroché un rendez-vous avec toi. Ils n'en revenaient pas ! Moi non plus, d'ailleurs... ajouta-t-il en souriant.

— Et pourquoi cela ?

— Tu sais bien ce que je veux dire, Mary-Kate. Tu es une jolie fille et je n'aurai jamais plus l'occasion de sortir avec quelqu'un comme toi.

Je me mis à rire. Je n'imaginai même pas qu'il avait entendu parler de moi avant ce rendez-vous.

— Pourquoi as-tu accepté ce rendez-vous ? fit Mike. C'est une plaisanterie, un pari ?

— Pas du tout ! m'écriai-je. Ma sœur est responsable du service de rencontres et elle a découvert que nous étions plutôt compatibles. Je lui ai dit que je n'étais pas prête à sortir avec un garçon. Elle a insisté, prétextant que si sa propre sœur ne se prêtait pas au jeu, ça ferait capoter son système.

— Elle a eu raison, affirma Mike. Je suis très content qu'elle t'ait poussée à accepter. Sinon, je n'aurais jamais eu le plaisir de découvrir à quel point tu es sympa.

— Moi aussi, je suis contente, répondis-je. Et pour les même raisons que toi.

Ashley

Le lendemain, au Click, Mary-Kate nous raconta son rendez-vous avec Mike.

— C'est un chic type. Cela dit, il est encore très gamin. Pour l'instant, seuls le skate et les jeux vidéo l'intéressent.

— En gros, il n'est pas ton genre, conclut Brittany.

— Pas vraiment, admit Mary-Kate. Ta fameuse théorie n'a pas bien fonctionné, cette fois, Ashley.

— Je te signale que Mike et toi aviez un

bon score, mais pas parfait, protestai-je. En plus, tu admets que tu t'es bien entendue avec lui. En copains, je veux dire.

— C'est vrai, mais...

— Donc ma théorie fonctionne, insistai-je. J'ai juste besoin d'affiner un peu mes résultats.

— Puisque tu es si sûre de ton coup, pourquoi n'appliques-tu pas ta méthode sur toi ? demanda Brittany.

— Mysterio et toi atteignez le score parfait. Propose-lui de te rencontrer ! suggéra Lauren.

— J'aimerais d'abord découvrir qui il est et aucune d'entre vous n'a d'idée sur la question !

— C'est justement pour ça qu'il est temps de saisir ta chance, Ashley, répondit Mary-Kate.

— Je vais essayer de lui fixer un autre rendez-vous. Peut-être que, ce coup-ci, nous finirons par découvrir qui est Mysterio.

— Imagine qu'il tombe amoureux de la fille en question, cette fois. Tu seras peut-être passée à côté de l'amour de ta vie ! s'écria Lauren.

— C'est un risque à prendre, dis-je. Je tente le coup encore une fois !

Plusieurs filles étaient d'accord pour rencontrer Mysterio. Je traversai le Click et me dirigeai vers l'ordinateur au fond de la salle pour lui envoyer un nouveau mail. Je commençai à me lasser de ce petit jeu. Pourquoi ne voulait-il pas révéler son identité ?

Cher Mysterio,

Je te laisse encore une chance, non, deux autres chances : Krista Kelly et Anne Lamonica. Ce sont de jolies filles sympas, et plein de garçons adoreraient décrocher un rendez-vous avec l'une d'entre elles. Réfléchis-y, et réponds-moi vite.

Bien à toi,

Ashley.

— Maman n'est pas assez en forme pour cuisiner. Papa va donc nous préparer ses fameuses nouilles thaïes aux crevettes, disait Brittany quand je revins m'asseoir.

— Brittany est en train de nous donner le menu de vendredi soir pour son anniversaire, m'expliqua Lauren.

— Mais oui, c'est vrai, ton anniversaire ! m'exclamai-je.

— Soyez à la maison vers dix-huit heures. Ce sera une petite fête intime mais je vous promets qu'elle sera aussi très spéciale, continua Brittany.

— Je suis sûre que ça va être sympa, dis-je sans regarder les autres par peur de trahir la surprise que nous lui réservions.

— Tu as envoyé ton mail à Mysterio ? demanda Lauren.

— Oui, et j'espère qu'il va vite répondre. Ce suspense me tue !

J'avais décidé d'arrêter de vérifier mes mails toutes les cinq minutes et de les consulter seulement ce soir. Pourtant, en partant du Click, je ne pus résister à la tentation.

— Laissez-moi juste regarder une minute, dis-je aux autres.

— Je suis sûre qu'il n'a pas encore lu ton message ! protesta Brittany.

— Je n'en ai que pour un instant, assurai-je en ouvrant ma boîte. Hé, regardez ! Il a répondu !

Elles se précipitèrent pour lire avec moi.

Chère Ashley,

C'est vrai, tu as raison ! Krista et Anne sont de chouettes filles, mais je ne cherche pas une histoire sans lendemain. J'aimerais rencontrer la fille idéale, celle qui me correspond parfaitement. Je sais que ça n'est pas facile pour toi, mais, je t'en prie, ne me laisse pas tomber.

Mysterio.

— C'est dingue ! s'écria Mary-Kate.

— Mais que veut ce type, à la fin ! m'énervai-je.

12

Mary-Kate

— Stacy, ton article est génial ! lança Mlle Barbour en sortant de son bureau comme une bombe. Où es-tu allée chercher une idée pareille ?

Nous étions lundi et je venais d'arriver dans les locaux du site.

J'ai souri à Stacy. J'étais vraiment ravie que Mlle Barbour ait aimé son travail.

Stacy balbutia des remerciements et baissa modestement les yeux.

— Je ne sais pas d'où me viennent toutes ces idées, dit-elle en rassemblant ses affaires. Je ferais mieux d'y aller, je dois interviewer l'entraîneur de l'équipe féminine de basket-ball. On se voit demain ?

— O.K., à demain !

— Encore bravo, Stacy ! lui lança Mlle Barbour alors qu'elle sortait. (Puis elle s'adressa à moi :) Mary-Kate, j'aimerais que tu fasses une relecture du papier de Stacy avant que nous le mettions en ligne.

— D'accord, dis-je en ouvrant l'article de Stacy sur mon ordinateur.

À la vue du titre, je faillis avoir une attaque !

B.C.B.G., SURFER, GOTHIQUE OU PUNK ?
ÊTES-VOUS EN PHASE AVEC LES TRIBUS DU LYCÉE ?

Je n'en revenais pas ! C'étaient mes propres mots ! Ceux de mon carnet de notes...

En lisant, je m'aperçus que non seulement Stacy avait volé mon idée mais qu'elle avait recopié mon article de la première à la dernière ligne !

J'étais K.-O. debout. Comment Stacy avait-elle pu me faire une chose pareille ? Je la croyais mon amie.

Je ne pouvais pas laisser passer une chose pareille. Je me lançai à sa poursuite.

— Stacy ! hurlai-je en l'apercevant dans le couloir.

— Je n'ai pas le temps de discuter, répondit-elle. Il faut que je me dépêche !

— Je viens de lire ton papier. Tu m'as volé mon article !

— Je ne vois pas de quoi tu veux parler, objecta Stacy. Est-ce que tu voudrais tirer profit de mon travail ?

Je n'en croyais pas mes oreilles !

— Tu sais très bien de quoi je parle ! insistai-je.

— Écoute, je n'ai pas de temps à perdre !

Là-dessus, elle tourna les talons et s'éloigna d'un pas rapide.

« Très bien, me dis-je. J'ai essayé de discuter et de régler le problème avec elle. Comme elle ne veut rien entendre, je dois passer au plan B. »

Je retournai au bureau du site et me dirigeai vers celui de Mlle Barbour.

— Hum, excusez-moi, mademoiselle Barbour, je pense qu'il y a un problème.

— Oui ?

J'étais mal à l'aise. Je ne voulais pas accuser Stacy de vol, mais comment faire autrement ?

— C'est au sujet de l'article de Stacy sur les tribus. Eh bien, voilà : c'était mon idée.

— Que veux-tu dire ? fit Mlle Barbour.

— J'ai un carnet de notes dans lequel j'inscris toutes mes idées, expliquai-je. Il se trouve que celle-ci y figure.

— Mary-Kate, il est possible d'avoir la même idée au même moment. Ce sont des choses qui arrivent. Stacy a fait un excellent travail, tu ne dois pas essayer de la dénigrer.

— Il ne s'agit pas d'une idée commune, c'est mon article qu'elle a volé !

Mlle Barbour sembla se fâcher.

— Mary-Kate, je suis navrée, mais Stacy m'a confié un autre texte tout aussi bon, et dans le même style. Cela prouve qu'ils sont bien d'elle. Elle me montra un papier qu'elle sortit de son tiroir. Il était intitulé :

DANS LA PEAU D'UNE NOUVELLE
OU LES PREMIERS PAS D'UNE FILLE AU LYCÉE.

— Je ne peux pas le croire, m'écriai-je. J'ai aussi écrit celui-là !

— Est-ce que tu te rends compte de la gravité de tes accusations, Mary-Kate ?

— Bien sûr ! Stacy m'a pris ces deux articles et je peux le prouver !

Je partis telle une furie chercher mon carnet de notes, mais j'eus beau fouiller partout, impossible de mettre la main dessus ! Alors je décidai de rentrer à la maison et de réfléchir à la meilleure façon de coincer Stacy.

Ashley

— Ashley, tu dois le faire ! insistait Brittany. Envoie un mail à Mysterio et propose-lui un rendez-vous avec toi. C'est sans doute l'unique chance de découvrir qui il est.

— D'accord. Et qu'est-ce que je fais si ça ne marche pas, s'il refuse de me rencontrer comme les autres filles ?

— À ce moment-là, tu le laisses tomber. Tu lui dis qu'il est trop exigeant et que tu ne peux rien faire pour lui.

— Dans ce cas, je ne saurai jamais qui il est ! protestai-je.

— Tu n'es pas la seule à mourir de curiosité, ajouta Brittany. Si tu ne te lances pas, nous ne saurons jamais rien !

— Bon, ça va ! Je vais le faire.

Je me suis assise devant mon ordinateur et j'ai ouvert ma boîte mail. J'étais très nerveuse à l'idée de découvrir l'identité de Mysterio. Si je finissais par apprendre que c'était un abruti, j'allais être très déçue, et atrocement s'il refusait de me rencontrer.

Mysterio,

J'ai un dernier rendez-vous à te proposer après avoir comparé nos deux questionnaires. Selon ma théorie, nous serions parfaitement compatibles, toi et moi.

Veux-tu me rencontrer ?

J'attends ta réponse,

Ashley.

« Et voilà ! me dis-je. Tout ce qu'il me reste à faire, c'est attendre. »

— Je suis folle de rage ! rugit Mary-Kate.

Elle était rentrée à la maison juste avant le dîner, et avait surgi dans ma chambre comme une tornade.

— Que se passe-t-il ? demandai-je, inquiète.

Je n'avais jamais vu ma sœur dans un tel état. Je l'ai rejointe sur le lit et me suis assise à ses côtés. Lauren et Brittany étaient rentrées chez elles. Quant à moi, j'avais vérifié mes mails toutes les dix minutes depuis leur départ. Mysterio ne m'avait toujours pas répondu.

— Stacy Segall m'a piqué mon carnet de notes, m'expliqua Mary-Kate. Elle s'est approprié deux articles que j'avais écrits. Mlle Barbour les trouve excellents et croit dur comme fer qu'ils sont l'œuvre de cette peste !

— Tu n'as qu'à lui montrer ton carnet de notes, suggérai-je. Cela prouvera que tu es vraiment l'auteur de ces papiers.

— Impossible ! s'écria Mary-Kate. Je ne le retrouve plus ! Stacy a dû le garder.

— Elle t'a bien eue !

— Oui. Et maintenant que j'y réfléchis, je pense que ce n'est pas la première fois qu'elle me fait un sale coup. Tu te souviens du jour où je n'ai pas trouvé l'imprimerie pour les posters ? Eh bien, je suis sûre que Stacy s'est débrouillée pour voler la bonne adresse sur le bureau de Mlle Barbour et qu'elle l'a remplacée par une autre.

— Cette fille est démoniaque ! m'exclamai-je. À ton avis, pourquoi fait-elle ça ?

— Je n'en sais rien. C'est une excellente journaliste, elle n'a pas besoin de mes idées pour écrire de bons articles.

— Elle doit être jalouse de toi, dis-je. Comme Mlle Barbour ne tarit pas d'éloges sur ton talent, elle veut te voler la vedette.

— Oui, et obtenir d'elle une lettre de recommandation pour rentrer à l'université.

— Mary-Kate, cette fille a l'intention de te démolir. Il faut que tu l'arrêtes !

— Mais comment ? Sans mon carnet de notes je ne peux rien prouver. En plus, Mlle Barbour croit que c'est moi qui désire m'approprier le talent de Stacy !

— C'est très simple, répondis-je. Nous allons lui tendre un piège, et j'ai une idée...

13

Mary-Kate

— Salut, Stacy ! lançai-je en entrant dans les bureaux du site le lendemain après-midi.

Je me comportais comme s'il ne s'était rien passé, et j'étais curieuse de voir la façon dont Stacy allait réagir.

— Bonjour, répondit Stacy d'un ton un peu sec. Elle semblait très absorbée par son travail.

« C'est fou. Elle se conduit comme si c'était elle qui m'en voulait. »

J'avais hâte de la confondre. Je mourais d'envie de lui demander de me rendre mon carnet de notes. Mais je savais qu'elle nierait tout en bloc.

« Tenons-nous-en au plan d'Ashley, pensai-je. Un peu de patience. »

Mlle Barbour entra dans le bureau quelques minutes plus tard.

— Bonjour, les filles ! Si vous avez besoin de moi, je suis dans mon bureau, lança-t-elle à la cantonade.

J'étais obligée d'attendre un jour ou deux pour que le plan d'Ashley fonctionne. Je n'ai donc rien dit afin de ne pas faire de vagues.

Je me suis mise au travail et j'ai commencé à rédiger l'article sur les seize ans des ados. Le fameux sujet que j'avais proposé à Mlle Barbour la semaine précédente. J'ai écrit sans voir le temps passer et, quand j'ai levé la tête, tout le monde était déjà parti. Il ne restait plus que moi et Mlle Barbour. Mon papier était terminé. J'en ai imprimé deux exemplaires, et suis allée lui en apporter un à Mlle Barbour.

— Tenez, mademoiselle, voici mon papier sur les seize ans, je l'ai terminé.

— Merci, Mary-Kate, je le lirai dès ce soir.

J'allais partir quand elle m'arrêta.

— Attends une seconde, s'il te plaît. L'équipe de basket-ball féminine dispute un match, cet après-midi : je pense que nous devrions couvrir l'événement. Peux-tu y faire un tour pour prendre quelques photos ?

— Aucun problème, répondis-je. Je repasserai après le match.

— Parfait, à tout à l'heure.

Avant de quitter le bureau, je laissai mon article bien en vue comme si j'étais encore en train de travailler dessus.

« Le piège est en place. Il ne reste plus qu'à espérer que Stacy tombe dedans. »

14

Ashley

— Mysterio ne t'a toujours pas répondu ? me demanda Mary-Kate.

C'était l'heure du déjeuner et je lui étais tombée dessus. Elle et moi étions restées scotchées à l'ordinateur une partie de la nuit pour vérifier mes mails. Mysterio ne s'était pas manifesté.

— J'allais faire un arrêt à la bibliothèque pour vérifier une cinquantième fois, dis-je.

En consultant ma boîte, je découvris enfin un message de Mysterio.

— Ouvre-le, dépêche-toi ! fit Mary-Kate, impatiente.

Le texte était très court.

Ashley,

Tu as enfin trouvé quelqu'un qui m'intéresse : c'est toi.

— Il veut te rencontrer ! hurla Mary-Kate. Ça veut dire que tu lui plais ! Peut-être que ta théorie marche vraiment !

Mon cœur battait à tout rompre.

— Oui, mais je ne sais toujours pas qui il est !

— Réponds et demande-le-lui ! Il a promis de révéler son identité si tu lui proposais un rendez-vous avec une fille qui lui convenait. Il doit tenir sa parole maintenant !

Mysterio,

Je suis ravie que tu aies accepté ma dernière proposition. Alors, dis-moi : qui es-tu ?

Mary-Kate et moi fixions l'écran de l'ordinateur avec anxiété.

— Que feras-tu si c'est un garçon qui ne te plaît pas, ou quelqu'un que tu n'avais jamais remarqué au lycée, ou bien un de tes amis ?

— Tais-toi un peu, Mary-Kate, tu me

rends encore plus nerveuse ! Nous serons fixées dans une minute. Patience !

Un nouveau mail de Mysterio apparut à l'écran.

Ashley,

Je t'appelle ce soir. À ce moment-là, je te dirai qui je suis. Bien sûr, si tu n'as pas envie de sortir avec moi, tu n'auras qu'à me le dire. Je comprendrai et ne t'en tiendrai pas rigueur.

— Je n'en peux plus ! m'écriai-je, sur le point d'exploser. Pourquoi faut-il qu'il maintienne encore cet insupportable suspense !

— L'équipe du lycée de Bayside a gagné ! hurla le commentateur du match.

Les supporters envahirent le terrain pour féliciter l'équipe féminine de leur victoire.

Je pris quelques clichés de l'équipe en train d'exulter sur le terrain. Un excellent sujet pour notre site Web. C'était la première fois que l'équipe féminine de notre lycée réussissait à être sélectionnée pour participer au championnat. Puis je suis retournée dans le bureau du site afin de rédiger mon article.

— On a gagné ! proclamai-je en entrant.

Beth et Joseph, deux terminales membres de la rédaction, se mirent à chuchoter entre eux alors que j'entrai. Joseph me fit signe de me taire.

— Chut ! Ça chauffe, dit-il en désignant le bureau fermé de Mlle Barbour. Stacy est à l'intérieur.

J'ai fixé la porte du bureau. À travers la vitre, je pouvais apercevoir Stacy de dos.

— Que se passe-t-il ? demandai-je.

— On n'en sait rien, répondit Joseph. Stacy a rendu un article à Mlle Barbour il y a à peu près un quart d'heure. La prof l'a lu dans son bureau. Quelques minutes après elle est ressortie furieuse et a demandé à Stacy de venir la rejoindre. Depuis, elles sont enfermées là-dedans toutes les deux.

Je fouillai sur ma table : mon article n'y était plus. Je compris alors ce qui se passait...

La porte s'ouvrit et Mlle Barbour apparut.

— Mary-Kate est-elle revenue ? demanda-t-elle.

Elle m'aperçut alors et me pria de la suivre.

Joseph et Beth semblaient inquiets pour moi. Ils me souhaitèrent bonne chance. J'étais très mal à l'aise.

— Ferme la porte derrière toi, s'il te plaît, m'ordonna Mlle Barbour. Stacy m'a rendu cet article, tout à l'heure, dit-elle en me tendant une feuille de papier.

En parcourant le titre, je retins un sourire.

BON ANNIVERSAIRE !

LES MEILLEURES IDÉES POUR BIEN FÊTER VOS SEIZE ANS.

Le piège d'Ashley avait fonctionné à la perfection. Stacy avait plongé dedans la tête la première !

— L'article de Stacy est la copie conforme du tien. Je voudrais que tu m'expliques cela, dit Mlle Barbour.

— C'est très simple. Stacy m'a volé mon article. Elle l'a copié de bout en bout.

— C'est faux ! s'insurgea Stacy. J'ai travaillé sur ce papier tout le week-end. Mary-Kate l'a trouvé sur mon bureau et l'a volé !

Je l'ai fixée, sidérée. Comment pouvait-elle mentir avec un tel aplomb ?

— Les articles que m'a rendus Stacy sont du même style. J'aurais donc tendance à croire Stacy, fit Mlle Barbour un peu sèchement.

— Comment ! m'exclamai-je. Mais c'est parce qu'elle a volé les autres articles aussi, et je peux le prouver. Suivez-moi !

Je sortis et me dirigeai droit vers le bureau de Stacy.

— Peux-tu ouvrir ton tiroir ? demandai-je à Stacy. Nous verrons bien ce qu'on y trouve !

Stacy eut un sourire en coin.

— Pas de problème, dit-elle en s'exécutant.

À l'intérieur, il y avait quelques magazines, du papier et un exemplaire de mon article sur les anniversaires.

— Voilà, je le savais ! m'écriai-je en exhibant l'article. J'ai laissé cette feuille sur mon bureau ce matin même, elle l'a prise et l'a copiée intégralement !

— Pas du tout, c'est une copie que j'ai faite pour moi.

— Je peux prouver que j'ai écrit cet article la première, rétorquai-je. La date et l'heure de la création du fichier figurent sur mon ordinateur !

J'ouvris le document pour montrer à Mlle Barbour les informations en question.

— Stacy, peux-tu me prouver que tu as sauvegardé ton document plus tôt que Mary-Kate ?

— Ces horloges d'ordinateurs ne sont jamais très fiables, répondit Stacy, visiblement nerveuse.

— S'il te plaît, peux-tu ouvrir ton fichier ? insista Mlle Barbour.

En tremblant, Stacy s'exécuta. Son article avait été terminé cinq heures après le mien !

Le visage de Mlle Barbour s'empourpra.

— Veux-tu me suivre, Stacy ? dit-elle d'un ton grave.

Stacy l'accompagna dans son bureau et en ressortit quelques minutes plus tard en pleurant. Elle ramassa toutes ses affaires et sortit du local avec précipitation.

J'étais un peu triste pour elle. Après tout, elle avait du talent. Elle aurait donc dû avoir un peu plus confiance en elle.

— Puis-je te parler une minute, Mary-Kate ? me demanda Mlle Barbour. (Je suis rentrée dans son bureau.) Je suis désolée d'avoir douté de toi, s'excusa-t-elle. J'ai renvoyé Stacy. Je ne peux pas tolérer le plagiat.

J'ai hoché la tête sans savoir quoi dire.

— Je n'ai pas la moindre idée de ce qui l'a poussée à se conduire ainsi. Quoi qu'il en soit, ton travail est excellent et tu peux en être fière.

— Merci beaucoup, dis-je d'une voix timide.

— Maintenant qu'elle n'est plus là, l'équipe va avoir plus de travail. J'attends de toi que tu écrives davantage pour le site. Je suis certaine que tu peux le faire.

— Comptez sur moi, répondis-je en souriant.

— Ton dernier papier sur les anniversaires est parfait. Je vais le mettre en ligne très vite. Je désirerais l'illustrer avec certaines de tes photos que j'ai vues à l'expo du lycée : qu'en penses-tu ?

— Génial ! m'écriai-je.

Je voyais très bien de quelles photos il s'agissait : celles d'Ashley, Lauren, Brittany et moi lors de notre soirée d'anniversaire.

— L'incident est clos, conclut Mlle Barbour. Il est temps de reprendre le travail !

Je retournai à mon bureau, soulagée, et me mis à écrire.

15

Ashley

— Stacy doit être folle de rage ! dis-je à Mary-Kate qui venait de me raconter toute l'histoire.

Nous étions toutes les deux dans ma chambre, ce soir-là, dans l'attente du coup de fil de Mysterio.

— J'étais sûre que ton plan marcherait.

— Cette affaire est à prendre comme un compliment, dis-je. Stacy pensait que tu écrivais mieux qu'elle, sinon elle ne t'aurait jamais volé ces articles.

Soudain, le téléphone sonna.

— C'est lui ! m'écriai-je. Nous allons enfin savoir qui est Mysterio !

— Décroche !

— Allô, oui ? dis-je en prenant l'appareil.

— Salut, Ashley, c'est Mysterio.

Sa voix me parut familière, mais j'étais incapable de dire à qui elle appartenait.

— Qui es-tu ? Est-ce qu'on se connaît ? lui demandai-je.

— Oui, je suis dans ta classe de dessin. Je suis Aaron Moore.

Stupéfaite, je faillis laisser tomber le téléphone. Aaron Moore ! Le garçon le plus sexy du lycée ! Non, c'était impossible. Aaron n'avait pas besoin de faire appel à mon service de rencontres. Toutes les filles auraient donné n'importe quoi pour un rendez-vous avec lui !

Mary-Kate me tira par la manche.

— Qui c'est ? murmura-t-elle.

Je couvris le récepteur du téléphone.

— Il dit qu'il est Aaron Moore.

— Aaron Moore ! Non ! s'écria-t-elle, sidérée.

— Ashley ? lança Aaron à l'autre bout du fil. Tu es toujours là ?

— Excuse-moi, m'empressai-je de répondre.

— Tu es déçue ? Tu sais, tu peux refuser de sortir avec moi si tu n'en as pas envie.

En fait, plus j'entendais cette voix, plus je la reconnaissais. Pas de doute, Mysterio était bien Aaron Moore !

— Non, non ! Je ne suis pas déçue du tout. Je serais ravie de sortir avec toi, mais j'ai quelques questions à te poser.

— Vas-y, répondit Aaron.

— Pourquoi t'es-tu inscrit dans ce service de rencontres ? Tu n'as jamais de problèmes pour sortir avec des filles, toi.

— C'est vrai, admit-il, et d'ailleurs je suis sorti avec toutes les filles que tu m'as proposées. Toi exceptée, bien sûr.

— Et c'est pour ça que tu savais qu'elles n'étaient pas faites pour toi ! m'exclamai-je, morte de rire.

— Oui. En fait, je ne suis pas capable de trouver une petite amie tout seul, c'est la raison pour laquelle j'ai voulu essayer ta théorie.

— Eh bien, peut-être que mon système fonctionne, en réalité, dis-je. Mais pourquoi as-tu tenu à rester anonyme ?

— C'est que... commença-t-il, un peu mal à l'aise. J'ai toujours l'impression que les filles s'intéressent à moi pour ce que je représente et pas pour ce que je suis, au fond. Elles n'essayent même pas de me connaître mieux.

Aaron était en train de m'expliquer le plus modestement possible qu'il était victime de sa popularité, et que les filles ne voulaient sortir avec lui que parce qu'il était séduisant.

— Bref, si j'avais fait figurer ma photo dans ton album de rencontres, toutes ces filles auraient voulu avoir un rendez-vous avec moi. Mais sans préciser qui j'étais, j'avais peut-être une chance de rencontrer quelqu'un qui s'intéresse à ce que je suis.

Finalement, j'avais mal jugé Aaron. Je pensais qu'il n'était qu'un dragueur frimeur. Je me rendais compte qu'il valait bien plus que ça.

— Voilà, Ashley. Maintenant que tu sais qui je suis, es-tu toujours d'accord pour me rencontrer ?

— Bien sûr, Aaron ! m'écriai-je. Je suis même très impatiente !

— Que dirais-tu du week-end prochain ?

— Je ne peux pas. J'organise une fête d'anniversaire surprise pour les seize ans de Brittany. C'est samedi après-midi, au Click.

Tu peux venir, si tu veux. Il faut arriver avant quinze heures.

— Pourquoi pas ? répondit-il. Quant à nous, on se verra le week-end suivant, d'accord ?

— Dac, acceptai-je.

— Génial ! J'ai comme l'impression que ta théorie va bien fonctionner sur moi.

En raccrochant le téléphone, je tremblais comme une feuille.

— Tu te rends compte ? dis-je à Mary-Kate. Le garçon idéal pour moi est Aaron Moore !

— Aaron Moore est Mysterio ! s'exclama Britanny. Je ne te crois pas, c'est une blague !

— Je t'assure que c'est vrai, répondit Ashley.

— Je peux témoigner, dis-je. J'étais là quand il a appelé.

Jeudi. Lauren, Brittany, Ashley et moi nous étions réunies à la cafétéria. Il ne restait plus que deux jours avant la fête de Brittany et nous avions encore un bon nombre de détails à régler. Mais la découverte de l'identité de Mysterio était un tel scoop que nous étions obligées d'en parler.

— C'est un type tellement craquant ! dit Lauren. Quand je pense qu'il veut que tu deviennes sa petite amie, c'est dingue !

— Ne nous emballons pas ! Nous nous connaissons à peine !

— Mais ta théorie prouve que vous êtes faits l'un pour l'autre, déclara Lauren.

— C'est vrai, Ashley, approuvai-je. Ne me dis pas que tu ne crois plus en ta fameuse théorie !

— Bien sûr, que j'y crois, répondit Ashley. Mais je ne peux pas prétendre qu'elle est sûre à cent pour cent.

— Bref, conclut Brittany, tu vas voir Aaron ce week-end.

— Pas ce week-end, mais le suivant, répondit Ashley. En parlant de ce week-end, Mary-Kate a entendu dire qu'il y avait une fête sur une plage samedi.

— C'est vrai, acquiesçai-je. Un garçon du lycée de Westside organise une soirée monstre. Ça vous dirait d'y aller, les filles ?

— Super ! s'exclama Brittany. À quelle heure faut-il y être ?

— Donnons-nous rendez-vous au Click à quinze heures et allons-y toutes ensemble, proposa Lauren.

— Ça marche, lança Brittany. J'y serai !

Je jetai un regard complice à Ashley. Tout se passait à merveille. Brittany allait arriver au Click samedi après-midi pour nous retrouver, et là, SURPRISE !!!

— Le site sera opérationnel la semaine prochaine, annonça Mlle Barbour en fin d'après-midi.

L'équipe sauta de joie.

— Je tiens à vous remercier pour le travail que vous avez fourni, continua la prof. Vous avez bouclé tout ça en un temps record et je suis persuadée que notre site va remporter un immense succès auprès des lycéens !

Nous étions tous très fiers de nous.

— Cet après-midi, Joseph affichera nos posters partout dans le lycée, dit-elle en déroulant une grande et belle affiche. On pouvait y lire : « Pour les dernières nouvelles du lycée, tapez www.Bayside.com. »

— Très bien, remettons-nous au travail,

maintenant. Nous ferons la fête une fois que le site sera en ligne, ajouta Mlle Barbour.

Puis elle retourna dans son bureau. Je poursuivais la relecture d'un article de Beth quand mon téléphone sonna.

— Mary-Kate, c'est Ashley. Lauren et moi sommes en train de choisir la déco pour la fête de Brittany, mais il faudrait que quelqu'un se charge d'appeler le traiteur pour tout confirmer. Est-ce que tu travailles encore longtemps ?

— J'ai presque fini, répondis-je. Je passerai chez le traiteur en rentrant à la maison. Et pour le surf ?

— Nous devrons aller le chercher après les cours demain après-midi, répondit Ashley.

— Attends, le dîner d'anniversaire est à dix-huit heures, comment récupérer le surf et arriver à l'heure ?

— Tu as raison, acquiesça Ashley en soupirant. En plus, impossible de s'en occuper samedi matin, avec tout ce qu'il y aura à faire : passer prendre le gâteau, décorer le Click et installer le buffet !

— Mais Brittany nous tuera si nous arrivons en retard à son dîner d'anniversaire.

Nous ne pourrons rien lui expliquer sans nous trahir.

— J'ai une idée, fit Ashley. Toi et Lauren vous irez chercher le surf après les cours. En faisant vite, vous pouvez être de retour en ville vers dix-huit heures trente. Quant à moi, je ferai patienter Brittany.

— Parfait ! Comme ça, elle n'attendra pas toute seule.

— Ça roule ! dit Ashley.

— Brittany ne se doute vraiment de rien, ajoutai-je. Je pense qu'elle n'en reviendra pas !

— Happy birthday, Brittany !

Il était dix-huit heures, ce vendredi soir, et je l'avais rejointe chez elle pour son dîner d'anniversaire officiel. J'étais sur le pas de la porte, un petit paquet caché derrière mon dos. C'était un cadeau prétexte, des CD. Je m'étais dit que Brittany trouverait bizarre que j'arrive les mains vides.

— Merci, Ashley. Entre, me dit-elle. Mais où est Mary-Kate ?

— Elle arrive bientôt. Elle avait quelques trucs à faire pour le site. Je pense qu'elle ne va pas tarder.

Brittany me conduisit jusqu'au salon et, en passant, j'aperçus une magnifique table dressée pour le dîner.

— Je me demande où est passée Lauren, lança Brittany. Je pensais qu'elle viendrait plus tôt pour m'aider à tout préparer, mais je n'ai aucune nouvelle d'elle.

— Ne t'inquiète pas, elle va arriver, affirmai-je. Tiens, dis-je en lui tendant les CD empaquetés.

— Je peux l'ouvrir maintenant ?

— Évidemment ! m'écriai-je.

Cela ferait passer le temps.

— Génial ! dit-elle en découvrant les albums de Link Ray Surf Guitar. Je voulais me les offrir depuis longtemps.

Elle en glissa un dans le lecteur de la chaîne stéréo.

— Tu veux un thé glacé ou une limonade ? proposa-t-elle.

— Un thé glacé, répondis-je en la suivant dans la cuisine.

Elle nous servit deux grands verres et remplit un bol de chips et autres gâteaux d'apéritif.

— Mon père a préparé ses nouilles thaïes. On n'a plus qu'à les faire réchauffer.

Il était dix-huit heures trente et Mary-Kate et Lauren n'étaient toujours pas là.

Nous sommes sorties sur la terrasse. Comme la nuit tombait, Brittany a allumé des bougies et des torches de jardin.

— C'est magnifique, lui dis-je.

— Oui, c'est joli, dit-elle en regardant sa montre. Mais où sont-elles passées ? Elles trouvent le moyen d'arriver en retard pour mon dîner d'anniversaire !

— C'est étrange, dis-je, un peu gênée. Elles sont toujours très ponctuelles d'habitude. Il a dû se passer quelque chose.

— Ces derniers temps, j'ai trouvé votre comportement un peu bizarre. Vous êtes mes meilleures amies, j'ai toujours eu confiance en vous... Je ne sais pas, c'est drôle...

Je ne pouvais pas en entendre davantage !

— Brittany, arrête ! On t'adore !

— Alors qu'est-ce qu'elles font ? Elles ont presque une heure de retard !

Mon téléphone portable sonna.

— Ce doit être Mary-Kate, dis-je en décrochant. Allez !

— C'est Mary-Kate.

Je devais faire attention à ne rien dire qui puisse éveiller les soupçons de Brittany.

— Où es-tu ?

— Nous avons le surf, répondit-elle. Il est magnifique ! Mais la circulation est infernale ! Nous sommes bloquées dans les embouteillages sur l'autoroute.

— Et tu arrives quand ? lui demandai-je en soupirant.

— Nous en avons encore pour trois bons quarts d'heure, répondit Mary-Kate.

Génial ! Qu'allais-je dire à Brittany pour la faire patienter ?

— Fais aussi vite que tu peux !

Brittany me fixai avec cette expression de soupçon que je lui avais déjà vue ces derniers temps. Il fallait que je trouve une bonne excuse et très vite ! La mère de Brittany choisit ce moment précis pour entrer sur la terrasse.

— Bonjour, les filles ! lança-t-elle. Tout se passe bien ?

— Bonsoir, madame Bowen, dis-je. (J'étais ravie de la voir. Cela me laissait un petit délai de réflexion.) Quand le bébé arrive-t-il ?

— Ce n'est plus qu'une question de minutes ! s'exclama Mme Bowen en riant. Mais où sont Mary-Kate et Lauren ?

— Ashley était sur le point de me le dire, répondit Brittany.

— Oui. Mary-Kate vient d'appeler, dis-je en prenant mon temps. Elle est avec Lauren parce que... enfin... la mère de Lauren est à nouveau malade. Mary-Kate et Lauren doivent la conduire chez le médecin.

— De quoi souffre-t-elle ? lança Mme Bowen.

— Elle a un pediculosis, dis-je gravement.

Mme Bowen me regarda d'une façon bizarre.

— Un pediculosis ? Tu veux dire qu'elle a des poux ?

Je faillis m'évanouir ! C'était donc ça ! Un « pediculosis » signifiait qu'on avait attrapé des poux ? Comment aurais-je pu deviner un truc pareil !

Brittany me dévisagea.

— Est-ce que tu es en train de me prendre pour une idiote ? La mère de Lauren a des poux et tu veux me faire croire qu'il s'agit d'un cas d'extrême urgence !

— Hum, j'ai dû me tromper, balbutiai-je.

— Tu ne t'es pas trompée du tout, s'énerva Brittany. Vous me racontez depuis le début que Mme Glazer a des poux. En plus vous voulez me faire croire que c'est grave !

— Eh bien, tu sais... ça peut démanger très fort et...

— Depuis tout ce temps, vous n'avez pas cessé de me mentir, Mary-Kate, Lauren et toi ! Pourquoi ? hurla-t-elle.

J'étais coincée. Il n'était pas question que je trahisse notre secret ni que je gâche la fête surprise de Brittany. J'étais incapable de mentir davantage. Pourtant la vérité était impossible à révéler.

— Tu ferais mieux de rentrer chez toi, Ashley, lança Brittany. Tu viens de gâcher ma soirée d'anniversaire !

16

Ashley

— Bon, je vous laisse régler ça toutes les deux, souffla Mme Bowen en s'éclipsant.

— Brittany, je t'assure que tu ne comprends pas ! dis-je.

— Alors donne-moi une explication qui tienne debout !

J'en étais incapable. Mentir n'aurait fait qu'aggraver les choses.

Brittany se leva d'un bond.

— Rentre chez toi, et dis à Mary-Kate et à Lauren qu'elles ne se déplacent pas jusqu'ici. C'est inutile ! cria-t-elle en tournant les talons.

Je pris mon sac et la suivis.

— Qu'est-ce qu'on fait pour demain ? demandai-je d'une voix timide alors qu'elle me raccompagnait à la porte. Est-ce qu'on va toujours ensemble à la fête sur la plage ?

— Tu ferais mieux de t'en aller, dit-elle.

« Oh non ! pensai-je. C'est une catastrophe. Qu'allons-nous faire si elle décide de ne pas nous rejoindre au Click ? Toute la surprise sera fichue ! »

— Ne le prends pas comme ça, Brittany ! suppliai-je. Je te promets que nous n'avons pas voulu te blesser, nous t'aimons trop pour ça !

— Quand on aime les gens, on s'arrange pour arriver à l'heure à leur dîner d'anniversaire ! Écoute, je t'ai demandé de partir, alors, s'il te plaît, va-t'en !

Je suis sortie et elle a claqué la porte derrière moi. Je restai plantée là un long moment.

Dès que je fus à la maison, je téléphonai à Mary-Kate pour la mettre au courant.

— Et tu crois qu'elle viendra au Click demain ? fit-elle.

— Je n'en sais rien. Elle ne m'a pas répondu. Elle m'a jetée dehors.

— On dirait que ça tourne mal ! conclut Mary-Kate.

— Qu'est-ce qu'il nous a pris de raconter cette histoire ridicule de pediculosis ! La fête surprise est complètement fichue !

Mary-Kate

— Ça ne répond toujours pas, soupira Ashley. Je tombe tout le temps sur sa messagerie !

Nous étions samedi après-midi et il était deux heures. Ashley, Lauren et moi nous trouvions au Click pour mettre la dernière touche aux préparatifs de la fête. Nous avions essayé de joindre Brittany toute la matinée, mais elle ne décrochait pas. Ni chez elle ni sur son portable.

— Tu lui as laissé un message ? demandai-je.

— Des centaines de messages, soupira Ashley. Je lui ai même envoyé des mails. Elle a décidé de nous ignorer. J'ai essayé de joindre ses parents, mais ils ne répondent pas non plus.

Je commençai à désespérer.

— Je suis sûre qu'elle finira par venir, assura Lauren.

— Pourquoi ? Après tout ce qu'on lui a fait...

— Regardez ! Voici les premiers invités, dit Ashley en désignant la porte.

Tashema et Mélanie entraient avec des cadeaux.

— Coucou, tout le monde ! lança Mélanie.

— Les filles, je suis surexcitée ! Est-ce qu'elle se doute de quelque chose ? s'écria Tashema.

— De rien, répondis-je, sans ajouter qu'elle ne viendrait probablement même pas.

Les invités continuèrent d'arriver. À deux heures et demie, tout le monde était là ou presque, et la fête s'annonçait plutôt bien. En arrivant, Aaron se dirigea droit sur Ashley.

Le Click était superbement décoré. Il y avait des colliers de fleurs hawaïens un peu partout, des tas de photos de surfers et un énorme agrandissement de Brittany en train de glisser sur une vague. La planche de surf customisée était installée contre le mur du fond, entourée d'un magnifique ruban bleu.

— Attention ! cria Ashley. Il est presque trois heures, Brittany ne va plus tarder à arriver ! En tout cas, c'est ce que nous espérons, ajoutai-je à mi-voix.

— Que tout le monde se cache ! ordonna Lauren.

Nous nous sommes tous regroupés dans un angle de la pièce afin que Brittany pense que le Click était vide. Il y avait des rires et des chuchotements. À côté de moi Lauren pouffait.

Cinq minutes s'écoulèrent, puis dix...

— Mais qu'est-ce qu'elle fiche ? lança un garçon.

— Attendez, j'entends quelqu'un !

Le carillon de la porte d'entrée résonna. On venait d'entrer. Nous nous sommes recroquevillés.

Une ombre avançait au centre de la pièce, et nous avons hurlé en chœur :

— SURPRISE !!!

— Salut, je suis un peu en retard, non ?

C'était Mike Mott. On entendit des ronchonnements.

— Oui, tu es en retard, lui confirmai-je, énervée. Nous avons cru que c'était Brittany.

Nous reprîmes nos places. Une demi-heure s'écoula, puis une heure, et toujours pas de Brittany.

— Elle ne viendra plus, maintenant, chuchota Ashley à mon oreille. La fête est ratée !

17

Ashley

— Elle n'est pas venue ! soupira Mary-Kate, désespérée.

— Elle ne nous adressera probablement plus jamais la parole, dis-je, résignée.

— Est-ce qu'on peut arrêter de se cacher maintenant ? demanda Mélanie.

— Allez-y, dis-je. Amusez-vous et profitez du buffet.

Tous les invités se dispersèrent et se jetèrent sur le buffet. Mais la fête était un échec, et personne n'avait vraiment envie de s'amuser.

— Quel bide ! s'exclama Mike Mott en avalant tout rond des mini-tacos.

À l'autre bout de la salle Aaron me fit signe. Il semblait vouloir me dire quelque chose, mais deux filles le coinçaient près du saladier de punch.

Je me glissai près de Lauren, et Mary-Kate nous rejoignit.

— On a vraiment raté notre coup ! dit Lauren.

— Ça, pour l'avoir raté on l'a raté ! ajoutai-je.

— On est allées trop loin, fit Mary-Kate. On a tellement voulu préserver notre surprise qu'on a fini par blesser Brittany.

— Dites donc, les filles, le buffet est top. Vous avez bien fait les choses ! s'écria Tashema en arrivant à notre table avec une assiette remplie de sandwichs.

— Tu as raison, répondis-je. Regarde-les tous, ils ne disent plus un mot ! Cette fête est un échec total !!!

— On ferait mieux d'essayer de mettre un peu d'ambiance ! décida Mary-Kate en se levant pour mettre de la musique.

Elle choisit un CD de musique de Surfer qui ne fit que nous rappeler davantage l'absence de Brittany.

Aaron finit par se débarrasser du bataillon de filles qui le bloquait et avança vers moi.

— Allez, Ashley, détends-toi, dit-il. Viens danser le twist avec moi !

Je n'avais pas le cœur à danser mais la main tendue de Aaron me fit craquer.

— Allons-y, dis-je.

— Mais qu'est-ce qu'il se passe, ici ?

Incroyable ! C'était Brittany.

Tout le monde s'immobilisa et la fixa, l'air hébété. Puis Lauren bondit en s'écriant : « Surprise !!! »

Je traversai la pièce et lui sautai au cou.

Brittany était un peu décontenancée.

— C'est une fête surprise, répondis-je. La fête surprise la plus nulle que j'aie jamais vue. Mais maintenant, tu es là ! Bon anniversaire, Brittany !

— Où étais-tu passée ? Nous avons essayé de te joindre toute la journée ! demanda Lauren.

— Je suis désolée, j'étais à l'hôpital. Ma mère vient d'accoucher. J'ai un tout nouveau petit frère !

— C'est merveilleux ! m'écriai-je en la prenant dans mes bras.

Tout le monde se pressa autour d'elle pour la féliciter. Une montagne de cadeaux l'attendaient.

— Maintenant, tu comprends pourquoi nous avons été si mystérieuses ces derniers temps.

— Alors c'était ça ! s'exclama Brittany. Quand je pense que vous avez inventé cette histoire de poux !

— Nous avions peur que tu ne veuilles plus venir.

— Je vous en voulais, c'est vrai. Pourtant, je savais que vous m'aimiez. J'ai fait le maximum pour être là à l'heure, mais ma mère a dû partir à l'hôpital très tôt ce matin. Nous y sommes restés quatre heures. Du coup, j'ai complètement oublié notre rendez-vous. Mais j'espérais bien que vous m'attendriez.

— Eh bien, tu vois, nous sommes là. Tu ne te doutais vraiment de rien ?

— En fait, dit Brittany, je me suis dit qu'il y avait peut-être quelque chose là-dessous...

Nous avons toutes éclaté de rire. J'ai pris Brittany par la main et l'ai conduite jusqu'au fond de la pièce. Elle découvrit la planche de surf.

— C'est pour moi ?

Elle s'approcha et la caressa doucement.

— Pour qui veux-tu que ce soit ? dis-je. Regarde, il y a ton nom dessus.

— Je vous adore ! dit-elle. C'est mon plus bel anniversaire !

— Joyeux anniversaire, Brittany, dit Aaron en s'approchant. Ce surf est magnifique !

— Oui, superbe, j'ai hâte de l'essayer !

— Allez, viens ! dis-je en la poussant vers la piste. En plus de ton anniversaire tu dois fêter l'arrivée de ton petit frère !

Aaron me fit faire quelques pas de danse et m'entraîna vers le buffet.

— Allons boire un verre, dit-il.

Nous nous sommes installés à une table.

— Tu es toujours d'accord pour notre rendez-vous, le week-end prochain ?

— Bien sûr, que veux-tu faire ?

— J'avais pensé que nous pourrions aller dîner dans ce resto italien, près de la plage. J'ai entendu dire qu'ils préparaient les fetuccini aux crevettes à la perfection.

— Les fetuccini aux crevettes ! m'écriai-je. C'est mon plat préféré !

— Je sais, dit Aaron en rougissant. Je l'ai lu dans ton questionnaire.

Je levai mon verre en riant et le fis tinter contre le sien.

— Tchin-tchin ! J'ai hâte d'être au week-end prochain !

Quelque chose me disait que ça allait être l'un des plus beaux jours de ma vie...

Découvrez ce qu'il se passe dans le tome 8 de la collection

Mary-Kate and Ashley Sweet 16

Ashley

— Allons dehors, proposa Aaron.

Il me conduisit dans la cour, à l'ombre d'un grand arbre. Nous nous sommes allongés et avons déballé notre déjeuner.

— Hmm ! Ma mère prépare les meilleurs sandwichs au poulet du monde entier, s'extasia Aaron. Elle y met un tas d'épices indiennes. Tu veux goûter ? me proposa-t-il.

C'était délicieux. On reconnaissait une saveur d'amandes, de raisins et de poudre de curry mélangés.

— Salut, vous deux ! lança Lauren.

Elle s'installa près de nous et sortit elle aussi son déjeuner.

— Ashley, est-ce que tu veux venir chez Brittany avec moi cet après-midi ? Elle doit garder son petit frère et je lui ai promis de lui tenir compagnie.

— Je ne peux pas, répondis-je. J'ai rendez-vous avec Mlle Barbour dans les locaux du nouveau site Web. J'ai eu une super-idée de chronique. Je veux mettre en ligne mon service de rencontres !

Aaron éclata de rire.

— Ne me dis pas que tu vas te servir de ta théorie du Click sur le site !

— Si, justement ! répondis-je du tac au tac. Tu remplis un questionnaire, tu cliques sur un bouton, et le tour est joué ! Tu sais tout de suite quel est le garçon ou la fille qui te convient !

— C'est génial ! s'écria Lauren. Tu crois que ça va fonctionner ?

— En fait, il me reste à trouver quelqu'un qui m'aide à mettre le programme au point, avouai-je en glissant un regard vers Aaron.

— Ne me regarde pas comme ça, Ashley.

Je suis nul en informatique. C'est ma petite sœur qui m'explique tout !

— Tu n'as qu'à demander à Malcolm de te donner un coup de main, suggéra Lauren.

C'était une bonne idée. J'étais sûre que Malcolm en avait la capacité. En revanche, je n'étais pas certaine qu'il accepterait de m'aider. Il détestait ce service de rencontres !

— Aaron ! cria Jim Hawley. Ça te dirait, une petite partie de Frisbee ?

— J'arrive, répondit Aaron.

Il me fit un baiser sur la joue et courut rejoindre ses copains sur le terrain de jeu.

— C'est dingue, dit Lauren. Toutes les filles du lycée ont essayé de capturer Aaron dans leur filet et, maintenant, il est ton petit ami !

— Salut, lança Malcolm en se joignant à nous. Vous permettez que je vienne digérer mon déjeuner infect avec vous ? Je crois que je vais vomir, dit-il en faisant d'horribles bruits. Quand je pense qu'ils ont le culot d'appeler ça du hachis Parmentier !

— Oh, je t'en prie Malcolm, Je suis en train de déjeuner, moi ! se révolta Lauren.

— Quand il y a du hachis à la cantine, j'apporte toujours mon propre déjeuner, dis-je, compatissante. Tu devrais consulter les menus de la semaine, de temps en temps. Tu éviterais les mauvaises surprises.

— On devrait te décerner un doctorat ès menus de cantine, répondit Malcolm, narquois. Ou alors une maîtrise en service de rencontres amoureuses !

Malcolm ne croyait pas si bien dire.

— À ce propos, Malcolm, je voulais te demander un truc... (Il fit une grimace mais je continuai sur ma lancée.) J'aimerais que tu me rendes un service. Pourrais-tu mettre au point un programme informatique afin d'installer un service de rencontres sur le site Web du lycée ?

— Je pourrais si je le voulais, répondit-il. Manque de chance, je n'en ai pas la moindre envie !

— Je t'en prie, Malcolm, fais un petit effort. Mon service de rencontres peut aider des centaines de lycéens solitaires !

— Dis plutôt qu'il peut détruire la vie de centaines de lycéens naïfs ! répliqua Malcolm.

— Pourtant, le cas d'Ashley montre que ça marche, releva Lauren.

— Et Mary-Kate a interviewé des tas de gens pour qui ça a fonctionné aussi, ajoutai-je.

— C'est bon ! dit-il. Je t'aiderai. Mais tu me laisseras glisser quelques trucs un peu rigolos dans le programme. Du genre, faire apparaître une tête de mort quand on clique sur une personne qui n'est vraiment pas faite pour nous ou déclencher un signal d'alarme...

— Non, pas question ! dis-je. Mais je t'apporterai un bon déjeuner tous les jours, c'est promis !

— C'est mieux que rien, fit-il, visiblement déçu.

Mary-Kate

— Allô, Kristen ? Bonsoir, c'est Mary-Kate à l'appareil.

Ce soir-là, j'étais dans ma chambre en train d'interviewer les gens qui avaient fait appel au service de rencontres du Click Café. La théorie d'Ashley avait fait se rencontrer

Kristen Carson et un garçon du nom de Bob McSweeney.

— Bonsoir, Mary-Kate ! Comment vas-tu ?

— Très bien, merci. Je fais une petite enquête pour le compte de ma sœur, Ashley. J'ai vu que tu étais entrée en relation avec Bob McSweeney grâce à son service de rencontres. Je voulais savoir comment cela se passait entre vous ?

— Tu veux parler de cet abruti de McSweeney ? s'écria Kristen. C'est un vrai nul !

Elle raccrocha aussitôt.

Je n'en revenais pas. Je décidai d'appeler encore quelques personnes. Chacune me fit part de ses mésaventures. Stephany Duarte m'expliqua que son rendez-vous s'était éclipsé pour aller aux toilettes, et qu'il n'était jamais revenu. Bailey, elle, avait rencontré un garçon de douze ans que sa mère n'avait pas lâché d'une semelle pendant toute la durée du rendez-vous ! Oliver s'était retrouvé en tête à tête avec une ravissante petite chienne ! (Une fille avait eu la bonne idée de remplir un questionnaire pour son chien !)

« C'est infernal ! me dis-je. Je n'arrive pas à trouver quelqu'un pour qui le service d'Ashley ait été un succès. C'est à se demander si sa fameuse théorie ne serait pas plutôt une vaste blague ! »

Cet ouvrage a été composé par
PCA - 44400 REZE

Impression réalisée sur Presse Offset par

BRODARD & TAUPIN

GROUPE CPI

La Flèche (Sarthe), le 04-01-2006
N° d'impression : 32849

Dépôt légal : janvier 2006

Imprimé en France

POCKET jeunesse

12, avenue d'Italie • 75627 PARIS Cedex 13

Tél. : 01.44.16.05.00